U0111208

香港黃大仙

吳麗珍　著
林健雄　攝

策劃編輯　　鄭德華

責任編輯　　李　安　李浩銘

設　　計　　洪清淇　黃沛盈

協　　力　　羅詠琳

系　　列　　香港經典系列

書　　名　　香港黃大仙

著　　者　　吳麗珍

攝　　影　　林健雄

出　　版　　三聯書店（香港）有限公司

　　　　　　香港北角英皇道 499 號北角工業大廈 20 樓

　　　　　　Joint Publishing (H.K.) Co., Ltd.

　　　　　　20/F., North Point Industrial Building,

　　　　　　499 King's Road, North Point, Hong Kong

發　　行　　香港聯合書刊物流有限公司

　　　　　　香港新界大埔汀麗路 36 號 3 字樓

印　　刷　　中華商務彩色印刷有限公司

　　　　　　香港新界大埔汀麗路 36 號 14 字樓

版　　次　　1997 年 7 月香港第一版第一次印刷

　　　　　　2012 年 10 月香港第二版第一次印刷

規　　格　　大 32 開 (140×200mm) 144 面

國際書號　　ISBN 978-962-04-3270-5

出版者的話

　　香港地區的民俗文化，是一個十分值得探求和開拓的領域。這不僅因為長期以來，有關這方面的研究和出版顯得貧乏，即使是普及性的讀物，也是屈指可數；而更重要的是，與這個現象相對的，是豐富多姿的民俗文化，給這個國際大都會抹上一道道濃厚的中華地域文化的色彩。無論是維園的元宵燈會、元朗天后誕十八鄉巡遊、長洲太平清醮，以至在千千萬萬店舖內供奉的神靈……這些帶着傳統民間信仰和習俗的活動，絕沒有被急劇的都市化洪流所淹沒，而是以特別的方式在延續和擴張。

　　毫無疑問，每一個地區的民俗文化與其人口和民族的構成、歷史發展，以至地理環境和氣候特徵有着不可分割的關係。如果我們略加觀察和分析，便可以發現香港地區的民俗文化，基本上是屬於中國華南地區民俗文化的大範疇，而直接與廣府、潮州、閩南、客家等方言群體，以及東南沿海、江河的水上居民的風俗習慣一脈相承。其實，追溯今天香港人的主要來源，亦不外乎是這些地方的方言群體。他們隨着 19 世紀中葉香港地區的發展先後遷來，同時帶來了原居地的風俗習慣和傳統文化。今天香港民俗文化，正是由這些地緣相近而又各具特色的文化所融匯而成的。

　　我們應該看到，香港地區能夠保存和發展大量的傳統民俗文化，除了近百年來移民不間斷的輸入，使香港地區和華南的聯繫網絡沒有中斷之外，香港新界長期保持以宗族和方言群為核心的村落形態，是更重要的原因。香港地區傳統村落的重大蛻變，可以說是從 20 世紀 70 年代才正式開始的。社會結構的長期穩定性，使傳統民俗文化有了良好的傳承和發展的時間和空間，從而逐步產生自己的獨特風格。

　　我們認為對地方傳統風俗習慣的傳承，是民俗文化存在的重要根源，卻並不否認民俗文化在現代社會的變遷。任何一種社會文化的存在，都不可能是超時代的。所以，探索當今的民俗文化，其意義不僅是了解傳統文化的源流，更重要的是了解現代社會文化存在的原因和發展的趨勢。為甚麼天后崇拜會在香港地區流

播？為甚麼黃大仙會成為香港著名的神？在摩天大廈聳立的市區，為甚麼每年都有大型的盂蘭勝會？⋯⋯這些都是十分有趣和值得思考的問題。

民俗文化，從本質上看是屬於基層的普羅大眾文化，而絕非莊嚴殿堂的「高等文化」，每個人都有機會看到，聽到或接觸到，但這並不等於說這是眾人皆懂的東西。民俗文化需要有人收集和整理，用民俗學或其他學科的理論去分析，才能成為人類的知識和文明的財富。

此書本為 1997 年出版的「香港民俗叢書」系列的一部分。這套「香港民俗叢書」正是本着讓更多的人了解香港地區民俗文化的目的，每本書選一個明確的探索主題，把大量的文獻和田野考察所得的資料，去粗取精，去偽存真，用圖文並茂的方式編纂，力求使讀者了解這些民俗的現象和文化本質。

參加這套叢書寫作的作者，均為具有多年研究經驗的學者，有的堪稱為某一問題研究的專家。他們對香港民俗文化研究的全情投入和智慧光芒，相信讀者一定會在作品的字裏行間感覺到。希望這套叢書能為香港民俗文化的研究和普及增磚添瓦。

三聯書店（香港）有限公司

編輯部

2012 年 8 月

目錄

序言

黃大仙是香港人都知道的一位古代神仙,也是香港人都普遍信仰和奉祀的對象。為甚麼香港人對黃大仙那麼尊崇呢?我認為一來是因為他「普濟勸善,有求必應」;二來是因為有一群善信大力弘揚「黃大仙信仰」,使它不僅僅在香港地區普遍地流行,而且遠及歐美,近年還有再度興盛於中國大陸沿海一帶的趨勢。

這個社會現象促使我們產生認識和了解黃大仙這位神仙的慾望。可是,直至目前為止,還沒有一本書,甚至一篇文章,全面地介紹或研究黃大仙其人其事和環繞着他的各種問題。雖然十一年前(1985)我曾寫過一篇二、三萬字的文章研究黃大仙,發表於香港中文大學《中國文化研究所學報》(後來收入拙著《道教研究論文集》),但主要是從黃大仙的生平及古代的黃大仙信仰歷史去研究,其他方面只略有涉及,而近當代的黃大仙信仰研究基本上付諸闕如。外國學者雖也曾有過一本關於黃大仙的小書,但它的取向卻是社會學角度的,而且,實際上,書裏的缺點很多,不盡不實的情況到處可見。這自然是由於作者的中文程度差,認識中國文化淺,調查不夠深入所致。一本全面研究黃大仙的專著──適合各階層讀者的專著,仍有待產生。吳麗珍女士這本書正好迎合我們的急切需求。

自從去年(1995)7月開始,麗珍埋頭苦幹,用了大半年時間,從各方面搜集有關黃大仙的資料和從事此書的撰寫,其間花了不少時間調查、考察和訪問,所以她得到的材料都是很罕有、珍貴和確實的。從這個角度看,我相信已遠遠超過了其他黃大仙的研究者,至少比我的研究來得全面。

雖然此書的題目是《香港黃大仙》,特意強調「香港」一辭,事實上,內容並不限於香港。黃大仙是浙江金華人,他的活動範圍是金華一帶;黃大仙信仰最初也是限於金華一帶,到本世紀初始傳到香港。

不過，既然香港從 20 世紀 50 年代開始已成為黃大仙信仰的中心，本書強調香港的黃大仙信仰和它的特色是理所當然的。試問，在現今世界各個不同的角落裏，那一處的黃大仙信仰可以和香港的相比？

　　本書的編排井然有序，考據精實，文字淺白流暢，實不失為一本雅俗共賞的好書。而且，書內附有七、八十幅精美插圖，使本書生色不少，更為認識和了解黃大仙提供了很多珍貴的材料。最難得的是，這些圖片都是作者自己花去不少心思和時間親自拍攝、搜集和精選得來的。

　　麗珍隨我研究道教文學，心思細密，成績漸見。這本書可説是她學術研究的副產品。

　　我對黃大仙的研究十多年前已停頓了，現在得麗珍繼續研究，且有如此佳績，書成，索序於予，我又有何理由推卻呢？於此，但願讀者能夠通過此書，對安定人心、維繫社會產生巨大力量的黃大仙信仰，有一個足夠的認識和了解，且希望麗珍於學術研究上「更上一層樓」！

黃兆漢

於香港大學中文系

1996 年 3 月

前言

在九龍獅子山南麓，有一個佔地十數萬平方呎的園林，名叫「嗇色園」，莊嚴雄偉的「赤松黃仙祠」屹立其中。嗇色園內紅牆黃瓦，殿宇巍峨，樓閣亭台，長廊水榭，與環抱的高聳的石屎森林（編按：石屎森林，意謂高樓大廈林立），可謂大異其趣。

鳥語花香堪稱勝地

朝暉夕照別有壺天

黃仙祠凝雲門的楹聯聯語，正好是其中寫照。

赤松黃仙祠，供奉的是家傳戶曉的「黃大仙」。每年數以萬計的男女善信，都會不計遠近，前來參拜。他們燒香擺供，跪地膜拜。或許願酬神，或祈福問卜，甚至求取「仙方」治病。每逢大除夕，善信們為了上「頭炷香」，一早便會在廟外輪候，使街道擠得水洩不通，往往要勞動警伯維持秩序哩！香港人對黃大仙崇祀的狂熱，不僅見於逢年遇節，就是平日，黃仙祠也香火鼎盛，除了本地的善信外，大批國內外的遊客，也會慕名而來觀光，甚至參拜。

「有求必應」的黃大仙，也真大名鼎鼎。今天香港的政區有「黃大仙區」；公共汽車、地下鐵路沿線也有「黃大仙站」；甚至警署、屋邨，都以「黃大仙」命名。黃大仙在香港的地位，可以想見；黃大仙信仰與崇祀的蓬勃，也不言而喻了。究竟黃大仙是何許人？是何方神聖？黃大仙信仰的歷史源流是怎樣的？黃大仙信仰在香港的流變與發展的狀況如何？知道和了解的人，相信一定不多。雖然早在 1985 年，香港大學中文系黃兆漢教授曾發表〈黃大仙考〉一文（見 1985 年香港中文大學《中國文化研究所學報》卷十六；後收入黃氏所著《道教研究論

文集》，中文大學出版社，1988），對黃大仙的生平事迹及有關的歷史文獻，做了詳實的考述，而有關香港黃仙祠的發展歷史和狀況，在嗇色園創立 70 周年紀慶的特刊──《嗇色園》（嗇色園董事會編，1991 年），也有詳細的記述，但普羅大眾對這位「大仙」的仙迹，及與其有關的信仰，知道得並不詳細，或者是知其然，而不知其所以然。

其實，黃大仙的信仰與崇祀，不單是一種宗教行為，更是民間文化的集中表現。研究黃大仙信仰，在溯本尋源，踏迹其流變發展的同時，實可豐富對歷史、社會、經濟和宗教的知識。研究香港黃大仙的崇祀和信仰，更可對香港人、香港事，有更深入的認識和了解。

第一章

黃大仙其人其事

1. 黃大仙生平梗概

有關黃大仙的生平事迹，早在清末光緒二十五年（1899），已經有人考究。據《驚迷夢》〔該書共四集，是光緒二十三至二十五年（1897-1899），黃大仙、關聖帝君等列仙列聖在廣州普濟壇降箕的詩文彙編。香港嗇色園於 1991 年重刊〕第三集，署名「功全備道者」的撰序，有這樣的記載：

> 客曰：……然吾聞之太史公，赤松子，神農時雨師也。服水玉散而登仙，張子房所從之遊者是也。今子以為晉人，何也？曰：仙師自序詳之矣。以予考之，其事迹詳於《真誥》及葛洪《神仙傳》，而方志亦謂金華山北，有山曰赤松，又曰臥羊，即仙師叱石成羊處也。……《隨地志》、《寰宇記》、《洞天福地記》，諸書皆可按也。

原來有關黃大仙事迹的記述，可遠溯至晉代葛洪（288-343）的《神仙傳》，而《金華府志》、《金華縣志》、《浙江通志》、《蘭谿縣志》等明清方志，歷代編修的《神仙傳》、筆記小說、遊記及風物志等，都有明文。根據黃兆漢教授在〈黃大仙考〉一文的考證，這些記載，內容大同小異，大都以葛洪《神仙傳》為藍本。其中記述最詳盡的，是宋末道士倪守約編的《金華赤松山志》。該書不但記述了黃大仙的生平，還盡錄了與他有關的傳說和古迹，篇幅雖短，但卻是特為黃大仙編寫的專志，很有參考價值。至於上述《驚迷夢》三集序文所提及的「仙師自序」，也就是黃大仙對自己生平事迹的自述。與上述的典籍比較，這篇〈自序〉是最晚出的材料。據《驚迷夢》的記載，它成篇的年份應該不會晚於光緒二十三年（1897），相傳是廣州普濟壇道侶扶鸞時，黃大仙親降的箕文，內容與葛洪《神仙傳》相較，也沒有太大差別。這兩篇文章，現原文抄錄如下：

> 黃初平者，丹溪人也。年十五，家使牧羊。有道士見其良謹，便將至金華山石室中。四十餘年不復念家。其兄初起，行山尋索初平，歷年不得。後見市中有一道士，初起召問之，曰：「吾有弟名初平，因令牧羊，失之四十餘年，莫知死生所在，願道君為占之。」道士曰：「金華山中有一牧羊兒，姓黃字初平，是卿弟非疑。」初起聞之，即隨道士去求弟，遂得相見。悲喜語畢，問初平羊何在。曰：「近在山

19

東耳。」初起往視之，不見。但見白石而還。謂初平曰：「山東無羊也。」初平曰：「羊在耳，兄但自不見之。」初平與初起俱往看之。初平乃叱曰：「羊起！」於是白石皆變為羊數萬頭。初起曰：「弟獨得僊道如此，吾可學乎？」初平曰：「唯好道便可得之耳。」初起便棄妻子，留住就初平學。共服松脂茯苓。至五百歲，能坐在立亡，行於日中無影，而有童子之色，後乃俱還鄉里，親族死終略盡，乃復還去。初平改字為赤松子，初起改字為魯班。其後服此藥得僊者數十人。（葛洪《神仙傳》）

　　予初乃牧羊之孩，牧羊於浙江金華府城北之金華山。金華之名，乃金星與婺女星爭榮，故名也。此山之北，有赤松山焉，予即居於此。此地遊人罕到，林木參差，雲霞障漫，青翠巍峨，岫深隱其中，有洞名曰金華，乃洞天福地中三十六洞之一也。予少家貧，炊糠不繼。八歲牧羊，至十五歲幸得仙翁指示，引至石室中，藥煉回生，丹成九轉；凡塵之事，一概拋開，四十餘年。兄初起尋之，不獲；適遇道士善卜，乃得兄弟相見。兄問羊何在？予曰：「在山之東。」往視之，第見白石磊磊，而予叱石，竟成羊焉。兄從此修真，亦列仙班。予本姓黃，名初平，晉丹谿人，因隱於赤松山，故號曰赤松仙子，與前張良從遊之赤松子有異也。予不言，爾等亦莫知之，故自為之述。〔黃初平〈赤松黃大仙自序〉（下簡稱〈自序〉）〕

原來在香港家傳戶曉的「黃大仙」，就是晉代浙江金華縣以「叱石成羊」的傳說而著名的黃初平。黃初平少年時在金華山牧羊，十五歲得道士（〈自序〉稱仙翁）指引，到赤松山金華洞內石室修仙。哥哥黃初起四出尋找，都沒有結果，四十多年後，卻在一位善卜的道士指示下，在金華洞內找到黃初平。初起追問當年羊群下落，初平就叫他往東面的山頭處找。初起四處找不到羊，初平就走到山頭大聲呼喚，眼前的白石竟然應聲昂首而起，變成羊群。初起因此也起了修道之心，於是辭別親人，與初平一起修煉去了。他們服食松脂茯苓等，結果煉得「坐在立亡」、「日中無影」，雖五百歲，而有「童子之色」。他們後來回鄉，見親戚鄰里都死盡了，於是又回山修煉。

黃大仙的生平梗概，《神仙傳》和〈自序〉的記述，並無兩樣。但是有關黃大仙的生平資料，仍有可以商榷的地方，現條列如下。

「黃初平」又作「皇初平」

自晉以來，文獻記載的「黃初平」，又作「皇初平」，據黃兆漢教授考據，歷來「黃」「皇」雜用的情況普遍，甚至作「皇初平」的情況較多。這個問題，前人雖然曾經一再討論和考究，但都因證據不足，沒有定案。但自清以來，人們卻只稱「黃大仙」，而未見有「皇大仙」者，加上〈自序〉中也自稱姓「黃」，於是我們只好沿用，稱這位大仙為「黃大仙」、「黃初平」。

籍貫丹谿還是蘭谿

有關黃初平的籍貫，《神仙傳》和〈自序〉都指他是浙江金華縣丹谿（溪）人，但明《金華府志》和清《浙江通志》卻指他是蘭谿（溪）人。據黃兆漢教授考證所得，丹谿（溪）遠在今四川省，與浙江省金華地區相距甚遠，而蘭谿（溪）則在浙江金華縣西北，離金華山不遠，所以懷疑「蘭谿（溪）」才是黃初平的出生地。查清初的《蘭谿縣志》，就有黃初平兄弟的事迹記載，可見此說不無道理。一說謂蘭谿本稱丹谿，後來因該處盛產蘭花，於是易名「蘭谿」云云，未知是否屬實。

黃初平的生日

至於黃初平的生年，葛洪《神仙傳》和黃大仙的〈自序〉都沒有說明。在眾多文獻裏，只有宋末倪守約《金華赤松山志》能確指他生於晉成帝咸和三年（328）八月十三日。然而晚清時廣東的黃大仙信眾，卻以農曆八月二十三日為黃大仙的寶誕，原因不明。有傳說是從黃大仙的畫像獲得啟示：像中左手的大拇指和食指作「八」字形，代表八月。又豎起的拇指和中指，連同屈曲的三指，代表二十三日。由於所據的畫像乃坊間最流行的一種，所以這種說法也頗為大眾接受。至於黃大仙的卒年和成仙的年月，倪書沒有記載，信眾也從未作推斷。

香火鼎盛的嗇色園赤松黃仙祠（載《嗇色園——七十周年紀慶特刊》）

黃初起、黃初平二仙塑像，攝於金華赤松宮二僊殿。

2. 黃大仙的外號與封號

黃初平自號「赤松子」，清末以來，人們都尊稱他「黃大仙」。不過這外號和尊稱，卻引起了不少誤會。

「赤松子」外號與雨師相混

據漢劉向的《列仙傳》，「赤松子」是神農氏時，專師霖雨的雨師。後人往往因黃初平「赤松子」的外號，把他和雨師赤松子拉上關係。倪守約在《金華赤松山志》就說明指引初平入金華洞修煉和指示初起覓得初平的道人，是赤松子的幻相。又最早崇祀初起、初平二仙的寶積觀（即赤松宮），觀碑上也直指他兄弟二人，是因為「赤松子傳授以道而得仙」。這全是後人因初平外號「赤松子」而作的附會，所以〈自序〉鄭重聲明，自己因為隱居赤松山，方號稱「赤松子」，跟「張良從遊之赤松子」有異。

然而，所謂張良「從遊」於赤松子的說法，也是不正確的。《史記》說張良曾得圯上老人黃石公親授兵書，輔漢得天下，最後功成身退。因為「欲從赤松子遊」，所以學辟穀之術，希望證道修仙。其實，張良只是仰慕古時的赤松子，並仿效他遁隱山林。他並沒有學道於赤松子，而事實上也絕不可能。〈自序〉稱「張良從遊於赤松子」，大抵是扶箕時，宣讀箕字或筆錄箕字的人，漏去了一個「欲」字而引致的誤會。

最荒誕的附會，要算是指黃初平就是張良在圯上碰到的老人——黃石公。《歷代神仙通鑑》卷六，直指黃初平是東周時代的晉國人，因隱於淮陰黃石山，所以改名黃石公云云，更是全無根據的猜測。

「黃大仙」尊稱與黃野人相混

由於黃初平有「黃大仙」的尊稱，所以後人又把他與廣東東莞的黃野人相混。黃野人，相傳是東莞石龍鎮水南鄉人氏，是晉葛洪的弟子。當年葛洪在羅浮山煉丹，在丹爐內遺下丹藥一顆，被黃野人拾得服食，結果修煉成仙。在

四百多年前，黃野人在廣州、東莞、佛山一帶顯靈，為人治病，時人都稱他為「黃大仙」，更在羅浮山沖虛觀內立祠崇祀他。後來黃初平名聞於廣東、香港一帶，亦被人尊稱為「黃大仙」，人們就有意無意地，把羅浮山沖虛觀黃大仙祠內供奉的黃野人與黃初平相混。於是有人附會說黃初平因為修煉時穴居山洞，所以仙翁戲稱他為「黃野人」。更有人索性將黃初平的生平改寫，指他牧羊巧遇葛洪仙翁，得賜「黃野人」的道號，並追隨葛洪到羅浮山獅子峰煉丹，暇時又隨師母鮑姑學針灸術。得道後雲遊四方，後到西樵山設壇收徒。這是混合黃初平和黃野人兩個傳說，再創作的結果，與很多民間傳說形成和流變的模式相同。

宋帝兩次封誥

黃初平的外號和尊稱，雖然引起了不少誤會，但他曾受皇帝封號，卻是不爭的事實。他先後因「汲井愈（癒）疾」，有「救人之功」和「祈晴祈雨」、「隨感隨通」的仙迹，在宋孝宗淳熙十六年（1189）和理宗景定三年（1262），得到「養素真人」和「養素淨正真人」的兩個封號。封誥的原文，見於《金華赤松山志》，內容如下：

> 黃老之學，雖以虛無為主，澹泊為宗，而原其用心，實以善利愛人為本。初起真君、初平真君，爾生晉代，隱於金華，叱石起羊，以為得道之驗；汲井愈疾，益廣救人之功。巋然仙宮，赫爾廟貌，一方所恃，千載若存。東陽之民，合辭以請，其按仙品，崇以美名，緬想靈斿，鑑吾褒典。

> 初起真君可特封沖應真人
> 初平真君可特封養素真人
> （宋孝宗淳熙十六年《二皇君誥》）

> 至真之妙，昉於莊老之論；神仙之事，盛於秦漢以來。然超乎冥漠之無形，而邈若昭彰之有驗。第一位沖應真人，第二位養素真人，

惟爾兄弟，流芳史書，石叱而能起；成形丹存，而尚留遺餕。駕霧騰雲，則若恍若惚；祈晴祈雨，則隨感隨通。至今寶積之祠，起敬金華之地，宜加徽號，以稱真風。

第一位沖應真人可特封沖應淨感真人

第二位養素真人可特封養素淨正真人

（宋理宗景定三年《加封誥》）

黃初平的傳說，在葛洪《神仙傳》，只有「叱石成羊」，「得道長生」，到宋代兩次封誥，傳說已增加了治病救人，甚至有求必應的內容。究竟黃初平怎樣由一個小小的牧童，變為萬人膜拜的黃大仙，在下章將有詳盡的說明。

二皇君像（載《繪圖列仙全傳》）

黃野人圖像（明）

赤松子像（載《繪圖列仙全傳》）

第二章

黄大仙信仰溯源

1. 民間傳說的發軔和傳承

黃大仙的信仰與崇祀，相傳早在黃初平兄弟飛昇後已經開始，也許在晉代已經發生。金華山，相傳是因金星與婺星爭輝而得名的，一說是因軒轅皇帝出巡，把金花散落此山而起。而赤松山位於金華山北面，傳說是神農氏時，雨師赤松子曾在此山引火自焚而化，把山頭的松樹都映得通紅而得名。而金華洞更是道教著名的三十六洞天之一，包括朝真、冰壺和雙龍三個主洞。至於黃初平當年修煉的石室，相傳已於初平昇仙後，隨即自動關閉了。金華洞是道教著名的洞天，金華山和赤松山又有着美麗的傳說，可謂仙氣十足。黃初平在金華山牧羊遇仙，在赤松山金華洞修煉成仙，加上「叱石成羊」、「證道得仙」的仙迹，他的故事自然更加引人入勝了。不過，初平兄弟之所以為人崇信，相信還是與他們能授人藥方，度人成仙的傳說有關的。

宋張君房《雲笈七籤》的記載

    ……（初起，初平）乃俱還鄉里，親戚死亡略盡，乃復還去。臨行以方教南伯逢，……其後服此藥仙者，其有數十人。

宋《金華赤松山志》的記載

    ‧傳說初平兄弟在山上煉丹成道（此山日後被稱「煉丹山」），羽化登仙，卻遺丹在山。這顆「遺丹」，日後卻變現無常，時遠時近，或大或小。凡黃昏入夜，晦雨不明時，煉丹山更霏霏出光。守山道士沈應符在晚上也曾見過窗外有光彩閃爍、大如雞蛋的東西。又道士吳奉師所畜養的伺曉白雞，也曾啄得一有五彩光，大如彈丸的東西。時人相信他們所見、轉瞬消失的東西，就是那顆「遺丹」。

    ‧至於煉丹山上的草木，因受「遺丹」丹光的煥潤，所以都通了靈，可以入藥的草木，就有三百多種。山下更有「仙田」，相傳初平兄弟種植靈苗胡麻之地。五代時，此處出產的香黍，就曾是朝廷的貢品。

‧ 初平騎鶴昇仙後，在臥羊山（初平當年叱石成羊處）上，常有石羊出沒，這些石羊據說有山神守護，凡人無法覷覦。在臥羊山左宮之南相對的山邊，隔溪之處都是田畝，田中有十數塊龐然巨石，妨礙耕作，村民遂向初平兄弟禱告求助。翌日早上，但見巨石已經「飛」到山邊。村民相信是初平、初起二仙差遣仙官搬走石塊的，於是稱那些巨石為「聖石」，稱那座山為「聖石山」。

‧ 煉丹山上有丹井。相傳二仙飛昇前，為了不想後人知道神仙蹤迹，便將他們事奉的石老君像，放在石龕內，埋於井中，並將井口封閉，並另鑿新井。據說新井的泉水，冬夏不乾，還可以為人治病，活人無數，可惜後來遇上輕慢之人，井口自動封閉。守山道士在二仙親降指示下，發掘故井，發現了藏在石龕的老君像。後人就將老君像奉祠在太清殿內。

宋方鳳《金華遊錄》及清《金華縣志》的記載

宋嘉定年間，唐季度有眼疾，曾寓居寶積觀，在臥羊山山麓一塊山石上休息，遇到兩個道士，為他治好眼疾，更預言十八年後會在彬州重會。後來唐季度登弟，在彬州做官，遇見兩個道士。起初他不以為意，後來道士問他是否記得松下治眼疾之事，他才猛然醒悟，但道士二人已經不見了。唐季度以為兩道士就是初平、初起二仙，於是稱當日遇仙處為「遇仙石」，並於當地建「二仙祠」，奉祀二仙。

此外，《金華赤松山志》也記載了宋紹興年間（1131-1162），皇帝曾在煉丹山祈福，《洞天福地志》也記載嘉熙年間（1237-1240），皇帝也在金華洞祈嗣告盟。至於前文提及宋孝宗和宋理宗，先後封贈二皇君，更是皇室崇敬二仙的最具體表現。

2. 自晉至清的黃大仙崇祀活動

其實自晉以還，人們對二仙的崇拜，不止限於口耳相傳，還付諸行動，這可從「赤松宮」的落成窺見。

赤松宮的落成與修建

赤松宮早於東晉時落成，據《金華赤松山志》記載：

> 二君既仙，同邦之人相與謀而置棲神之所，遂建赤松宮，偕其師赤松子而奉事焉，召學其道者而主之。自晉而我朝，香火綿滋，道士常盈百，敬奉之心，未有涯也。

文中的赤松宮，在宋真宗大中祥符元年（1008）奉詔更名「寶積觀」，並由朝廷委派道士專責管理。朝廷所降的御書、石刻及誥敕等，都安奉在觀中宸翰堂內。《金華縣志》指寶積觀「宮殿、亭宇、廊廡、碑碣、誥敕、御墨及名公鉅卿題跋，為江南道觀之冠」。寶積觀香火鼎盛，規模宏偉，可見一斑。寶積觀歷代均有修建，先是吳越錢武肅王重修，後來不幸毀於火。到明代，又先後在明成化十四年（1478）和萬曆十二年（1584），由道紀、余永福和知縣汪可受修建。最後一次修建寶積觀是在清道光年間（1821-1850）。

1957年，中國政府發展水利，建山口馮（音憑）水庫，寶積觀舊址才沉於水底。香港嗇色園曾在1990年往金華探聖，碰巧水庫乾涸，該觀的第三層台階露出水面，青石卵鋪的地台，也隱約可見。他們更在附近菜田，發現一口已破毀的銅鐘、一排石樑和兩個香爐。雖然寶積觀遺址現在已經長沉水底，但與二仙有關的遺迹，尚有部分可見，如與寶積觀相對的臥羊山，即黃初平「叱石成羊」處，觀後如屏聳立的煉丹山，相傳為二仙煉丹之所，目前尚有丹基、丹灶、丹井、丹田等遺迹可尋。1992年赤松鄉人民在原赤松宮遺址修建新廟，築二仙殿。新的赤松宮已於1993年落成。

至於原屬赤松宮下觀的金華觀，觀址在金華洞和雙龍洞側。晉代也盛極一

浙江金華赤松山（載《嗇色園》）

臥羊山，相傳是黃初平叱石成羊處（載《嗇色園》）。

1990 年所見赤松宮遺址（載《嗇色園》）

1993 年浙江金华重建之赤松宫

時，每年都由朝廷委派道士主持，掌三洞香火。宋政和七年（1117）以洞天福地重建，得賜「天下名山」匾額；民國二十三年（1934）曾重建，後皆不存。至1990年年底金華市城市建設委員會撥款重建，新的金華觀已於1991年落成，黃大仙信仰又在金華活躍起來。當地的人把水庫側的鐘頭村易名為「赤松村」，把橫跨赤松澗的橋定名為「赤松橋」，似乎都有推重仙迹之意。

二皇君的信仰，由晉開始就在金華發展，到宋代大盛。元以後，崇祀活動相信仍然持續，可惜有關的記載卻不多見。

叱石巖與叱石寺的由來

明代以後，黃大仙的信仰傳到廣東一帶，新會縣的羊石坑，就是因為黃初平「叱石成羊」的故事而易名「叱石巖」。《新會縣志》有這樣的記載：

> 叱石巖……石多如羊，舊呼羊石坑。明大司寇黃公輔取黃初平叱
> 石成羊之義易今名。

黃公輔是萬曆年間（1573-1620）進士，曾任福建浦城知縣，因為薄斂省刑，得到人民稱頌。他不畏權勢，彈劾魏忠賢、李實等權臣，後抗清而死。黃兆漢教授以為黃大仙信仰之所以在廣東新會一帶流行，除了因「羊石坑」易名「叱石巖」，使「叱石成羊」的傳說因而流傳外，還與為人景仰的抗清義士黃公輔有莫大關係。據《新會圭峰名勝古迹和建設新貌》記載，叱石巖上有叱石寺，寺內佛堂對面的客廳，有一對木聯，聯語是：

> 崖上紀宋，叱石思明：空嗟華夏淪夷，兩代興亡懸百里！
> 白祖談禪，黃公報國：恰有名山志勝，並傳儒釋各千秋！

由報國的黃公，想到叱石巖，再由此石巖想到叱石成羊的黃初平，是自然不過的事。

至於黃公輔之所以將「羊石坑」易名「叱石巖」，黃兆漢教授以為除了當地「石多如羊」的自然景物，與傳說內容十分相似外，還與黃公輔個人對黃初平的敬仰有關。《新會縣志》就記載了黃公輔《初登叱石巖詩》：

> 一派青山儼畫圖，山名羊石舊相呼。初平仙去誰還叱，居士今來趣更殊。
> 地僻秦人鞭不到，巖幽黃老靜傳符。世途久厭浮塵惡，願與山靈借一區。

此外，《新會圭峰名勝古迹和建設新貌》又記載了黃公輔《詠叱石八景詩》，歌詠叱石和周圍的景致。人們景仰黃公輔，就連他所景仰的黃初平，也一併景仰起來，這和愛屋及烏的道理一樣，是可以理解的。事實上，當時熟知黃初平「異迹」的，也大有人在。《新會縣志》也記載了何士塤的《遙望叱石巖詩》：

> 昔人已起群羊去‥此地空留叱石巖。羊去無妨雲繞繞，巖留誰聽燕喃喃。
> 風前煙景香蘭杜，天外嵐光映竹杉。笑我塵蹤曾未涉，山靈一望一垂饞。

可惜的是當時崇祀黃大仙的活動，卻未見有文獻記載。

3. 清末以降的黃大仙崇祀活動

清朝末年，黃大仙的信仰和崇祀活動，又再度在廣東活躍起來，相傳這是與黃初平降箕顯聖有關的。《驚迷夢》初集〈凡例〉有這樣的記載：

> 是壇在番邑菩山深柳堂。乃於光緒丁酉秋，扶鸞以遣興始也。

普濟壇的創設

原來廣東的黃大仙信仰，是在 1897 年間，由一群讀書人在番禺「扶鸞」「遣興」開始的。據記載，他們後來聯集十名「善友」，請黃初平實設箕壇，並於

1991 年浙江金華重建之金華觀。觀側石羊，據說乃重
建金華觀時挖掘所得。

赤松宮的香爐（載《嗇色園》）

赤松宮的銅鐘（載《嗇色園》）

赤松宮殘瓦（嗇色園副主席盧偉強律師藏）

同年農曆十月，得黃大仙賜壇名為「普濟」。他們又奉黃初平為「仙師」，執弟子之禮，成為道侶。據記載，當時降箕的，還有其他列仙列聖，黃初平之所以得到時人的主祀，《驚迷夢》四集署名「遵善子」的序文中，有詳細的說明：

> 吾友陳君，嘗奉赤松大仙於家，朝夕虔祀，遇事輒禱於大仙。吉凶悔吝，曾不爽也。其弟嘗患病，群醫束手。大仙箕示方藥，疾果瘳。由是求箕者日眾，戶限欲穿。

文中的「陳君」，可能就是菩山深柳堂的主人，更可能就是為《驚迷夢》一書撰寫序跋的「菩山元元導善子」陳去惡道長。黃初平能箕示藥方，而且使病者藥到病除，正是他得到信奉的主要原因。《驚迷夢》三集署名「弟子悟虛道者」的序文中，也有相類的說明：

> ……普濟之壇遂大開矣。問事者日環其門，莫不有求皆應，而於醫一道尤神。得其方者，無不立愈。

由於黃大仙醫術精湛，前往普濟壇求藥方的坊眾日多，不但「日環其門」，而且「戶限欲穿」。得黃大仙降箕「首肯」，成為他的弟子者，也增至百人。加上當時廣東一帶，癘疫流行，於是在 1898 年農曆八月二十三日，即黃大仙的寶誕，菩山的道侶就開箕請求擇地建觀，普救百姓。在黃大仙的「首肯」和「指示」下，廣東第一間奉祀黃大仙的祠觀，很快就在翌年農曆五、六月，在廣州花埭（即現在的芳村）落成。《驚迷夢》四集「遵善子」的序文中，也有記載：

> 陳君目擊癘疫流行，篤請仙師出而濟世，果允其請。迺於黃禹屬之花埭，闢地數畝，為之立祠。凡夫布置規模、擘畫方向，悉仙師所經營，質之陰陽家，不差累黍。下至楹聯扁額，亦箕筆所書，顏曰黃仙祠。

原來這間「黃仙祠」，無論在選址、建置、規劃，甚至楹聯匾額的撰作，都是由黃大仙「親自」監督和設計的。《驚迷夢》四集中就記錄了黃大仙在己亥年（1899）農曆五月廿三日降箕，為該祠撰作的匾額和聯文：

> 吾將祠內聯額示知，門額可用「黃仙祠」三字。門口聯可用「羊成叱石、丹煉回春」八字。屏風聯可用「為善豈無門，即此便登歡喜地。向前還有路，不妨再上大羅天」廿四字。圓門口額，可用「金華別洞」四字。聯可用「超以象外，得其環中」八字。曬書台額可用「大羅天」三字。聯可用「放眼盡觀世界，置身如在蓬萊」十二字。勿違所示。

由祠門、屏風、圓門，到曬書台，該祠的規模粗略可見。

1903 年間，當時廣東水師提督李准的母親患了眼疾，而且久治不癒。由於黃大仙的「醫術」精湛，風聞當地，於是李准就陪同母親往普濟壇，求黃大仙降箕賜方。果然，母親的眼疾藥到病除。李准為了酬謝神恩，於是發起募捐，重修黃仙祠。1904 年的春天，重修工程完成。新修的黃仙祠佔地更廣，由原來的數畝，增至二十多畝。祠凡三進，第一、二進除供奉黃大仙的塑像外，還供奉了文昌、呂祖、觀音、文殊等儒、釋、道三教神佛。第三進為齋堂及道侶的宿舍。祠內更有庭園、經堂及醫藥局，駐有中醫師、配藥和解籤人，為善信提供扶箕問方，贈醫施藥的服務。由於花埭鄰近碼頭，水陸交通方便，所以除了當地居民外，外地來求籤問方的善信眾多，香火頗盛。每年的寶誕，由農曆八月二十日至二十六日，誦經七天，儀式隆重，據說還有「大戲」演出。

1911 年，辛亥革命成功推翻清政權。在破舊立新、徹底破除封建迷信的浪潮下，廣州市內，許多廟宇寺觀都遭受破壞。普濟壇的黃仙祠，在 1919 年就被當時的政府充公，改建為孤兒院。1938 年，孤兒院曾被侵華的日軍，徵用為軍警總部，不過戰後又重修為孤兒院。1970 年，該處再改建為工廠。黃仙祠幾經變革，已難復舊時模樣，加上 1958 年推行的反迷信運動，黃大仙信仰和崇

祀活動，幾近湮滅。後來重修廠房地基時，卻發現一些 1904 年重修黃仙祠的遺迹：一根方石柱、三塊石雕門飾，和一根斷為兩截的圓石柱。方柱上有「洞中別有乾坤四周煙雨雲山尤增勝概」刻字，另有「光緒甲辰仲春三月番禺盧維慶敬書」的款識。據說該祠仍遺下刻有「普濟壇」的橫匾和銅印一方，現在為當地人私人收藏。

普慶壇的創建及其歷史

晚清廣東第二間供奉黃大仙的廟宇，是位於南海西樵稔崗的普慶壇「赤松黃大仙祠」。該祠始建於 1901 年，約在 1903 年竣工，佔地約 16 畝。主要創建人是稔崗梁仁菴（道號傳道）道長。據他的裔孫梁根澤（道號知醒）道長及梁福澤先生提供的資料，梁氏是籌建廣州普濟壇的重要成員。因為得到黃大仙箕示，指廣州必有動亂，於是在 1901 年回到稔崗，成立普慶壇，並出錢出力，籌建黃大仙祠。

據梁根澤道長憶述，普慶壇的「赤松黃大仙祠」，除了供奉黃大仙塑像的主殿外，還有供奉觀音菩薩的「觀音殿」和黃大仙父母的「尊親祠」。除了庭園外，殿的前右側有「醫藥局」，提供贈醫施藥的服務。不遠處還辦有一所「義學」，他的父親梁鈞轉（梁仁菴之子，道號勤覺）道長，也曾在此讀書。殿的右面，是道侶起居的樓房，該處還闢有部分房間，供來求方問病，需要延醫的病人留宿。殿的左面，有一個外型酷似白鵝的人工湖，名叫「鵝湖」，相傳是遵照黃大仙的箕批而興建的。當時除了挖地成湖外，更要鑿涌導引西江水流入，工程頗大。由於部分引水道必經之地，乃一姓梁的地主所有，他對開鑿水道頗多留難：表示該地決意不賣，除非十歲的孫兒懂得扶箕，希望梁仁菴知難而退。豈知十歲小童竟然成功開箕，難題始告解決。該祠鄰近西樵山，水陸交通方便，附近地區如順德、南海、台山的鄉民都來參拜。求取籤方的可隨緣樂助，貧困的就分文不取。普慶壇仍設箕壇扶箕，不過屬私人性質，只供壇內道侶參與。善信也可申請加入，主要條件與「普濟壇」相同，就是須得黃大仙降箕批准。

民國成立後，破除迷信的風尚，並未在農村做成影響，不過稔崗的治安卻大不如前。當地匪賊猖獗，前往赤松黃大仙祠參神的善信，往往成為打劫勒索

的對象，他們甚至騷擾和勒索普慶壇，普慶壇大受影響。加上 1913 年 7 月，廣東軍政府宣告脫離袁世凱政府獨立，與隸屬袁氏的廣西軍閥對峙，局勢緊張。普慶壇雖然一直未受破壞，但香火已大不如前。日本侵華時期，民生益形困苦，來參拜的善信就少了又少了。在 1949 年以前，該壇仍然與香港的分壇保持聯繫，遇有慶典，普慶壇的道侶也會前往香港參與。

1958 年，反迷信運動蔓延到農村，普慶壇被封閉，大部分建築物被拆毀，到 1967 年「文化大革命」，紅衛兵更將該祠徹底摧毀。原址闢作耕地，鵝湖也被填平，遺下的只有一面石符，刻有「赤松黃大仙祠」的石製門匾，還有幾個刻有「普慶壇」的木製經櫃。據聞現當地政府和旅遊局，已計劃在該處興建一座高 28 米的黃大仙石像，工程已在進行中，相信不日竣工。

普 化 壇 的 創 建 及 其 歷 史

另一間供奉黃大仙的廟宇是普化壇，仍設於廣州花埭，建於 1930 年，與被破壞的普濟壇，相距約半公里，佔地只有約 5 畝。由當年出掌廣東軍政的南天王陳濟棠和他的姨太太莫秀英主力興建。據說陳氏本人深信神佛，他的姨太太莫秀英是黃大仙的信奉者。由於普濟壇黃仙祠已改作孤兒院，於是他們就在長林公園（即現時的松基直街）另建新祠。祠內除供奉黃大仙的聖像外，還供奉呂祖、韋馱。廟內仍設藥局，有贈醫施藥的服務。還有「黃仙井」一口，據說當時用該口井的水煎藥，治好了無數染上瘟疫的病人。可能因為這口井和陳濟棠的影響力，普化壇的香火十分旺盛。每逢誕期，僧人道侶都會設壇誦經七日，還有「大戲」演出，以示慶祝。普化壇亦有開壇扶箕，招收道侶會員，與普慶壇頗有來往。普慶壇的梁鈞轉父子也是該壇的弟子。

由於該廟供奉韋馱的塑像，而日本軍人也敬奉這佛教的守護神，所以日本侵華期間，該廟未受影響，不過香火已大不如前。抗戰勝利後，因內戰民生困苦，香火更稀少。1949 年共產黨取得政權，該廟因與國民黨陳濟棠關係密切，所以也被破壞。1958 年，黃仙井被堵塞，整座廟宇也被徹底拆除。原址現已蓋成民居，廟的遺跡蕩然無存。

4. 文人歌詠與傳說的流播

上述有關黃大仙的傳說和祠廟，似乎都只在晉代和清末，而且局限於浙江金華和廣東一帶。其實黃初平的仙迹和傳說，自晉以來，一直流傳無間，歷代騷人墨客的詩章，就是最好的明證，現摘錄如下：

莫道真游煙景賒，瀟湘有路入金華。

溪頭鶴樹春長在，洞口人間日易斜。

一水暗迴間繞澗，五雲長住不還家。

白羊成隊難收拾，喫盡溪邊巨勝花。

（唐曹唐《皇初平入金華山詩》）

松老赤松源，松間廟宛然。

人皆有兄弟，誰得共神仙。

雙鶴沖天去，群羊化石眠。

至今丹井山，香滿此山田。

（唐舒道紀《題赤松宮詩》）

先生養生如牧羊，放之無何有之鄉。

止者日止行者行，先生超然坐其旁。

挾冊讀書羊不亡，化而為石起復僵。

流涎磨牙笑虎狼，先生指乎羊服箱。

（宋蘇東坡《臥羊山詩》）

自笑金華老使君，兩仙常約度層雲。

駕車倘有雙羝在，縱入山中白石群。

（宋韓元吉《石羊詩》）

見羊疑是已叱石，見口飛疑未叱羊。

非石非羊何所見，這些意思難商量。

（宋鄭士懿《臥羊山詩》）

長鬚主簿有佳名，羸首柔毛似雪明。

牽引駕車如衛士，叱教起石羨初平。

出都不失成君義，跪乳能知報母情。

千載匈奴多牧養，堅持苦節漢蘇卿。

（宋文天祥《詠羊詩》）

金華三洞洞中天，今日來游信有緣。

丹井水寒瑤草碧，白雲猶伴石羊眠。

（元金渭《游赤松祠詩》）

雙鶴沖天去不回，五雲繚繞散花台。

山中若見皇初平，為問留侯幾度來。

（元吳景奎《赤松山詩》）

早發東部門，晚憩北山址。

乍離城市，益羨邱壑美。

舍車涉嶇嶔，停策玩清泚。

游目蒼崖巔，放情白雲裏。

攀林咸落英，涉澗悲逝水。

冀憑栖遁踪，往過冥寂士。

忽見山阿人，彷彿平興起。

何當乘素煙，相與嚼丹。

牧羊事已乖，煉石情徒止。

長樹謝荒祠，永媿爾兄弟。

（明戴良《遊赤松山詩》）

金華山下雙龍窟，湮迹人間二百年。

好是黃郎身手健，鐉開洞府拜真仙。（其一）

北山回首暮煙橫，落日寒郊草木驚。

遊罷洞天三十六，歸來辛苦記初平。（其二）

（近代郁達夫《雙龍紀勝讀後題詩兩首》）

從這些詩篇的內容看來，詩人所歌詠的，大都與黃初平「叱石成羊」、「羽化登仙」的傳說有關。

5. 結語

總的來說，從這些仙迹傳說、宮觀祠廟、山誌詩篇，我們可知黃大仙信仰的原始面貌和發展概略。在追源溯流的同時，更可以窺見這個信仰在發展過程中的蛻變和演化，並可歸納為三點說明。

從共祀二仙到獨尊初平

黃初平、初起兄弟傳說因為煉丹得道、羽化登天，而且以「藥方」度人成仙，得到人們的信仰和崇祀。由晉的赤松宮、二皇君祠，到宋室帝王的封詰，初平、初起「二仙」的地位，似乎是不分軒輊的。清末年間，黃初平因為降箕顯靈，為人治病解困的傳說，在廣東一帶被尊稱為「黃大仙」，甚至出現三間主祀他的祠廟。道侶弟子愛屋及烏，推及他的父母，西樵稔崗的普慶壇，就有「尊親祠」奉祀他們。不過「大皇君」黃初起就彷彿被遺忘了。

由共祀二仙，到獨奉初平，變化的關鍵，似乎都在黃初平的降箕顯聖。不過從二仙傳說流傳的過程中，也不難找到箇中端倪。黃初平的牧羊「遇仙」、「叱石成羊」的傳說，似乎更受人們的仰慕和稱頌，葛洪《神仙傳》如是，歷代詩人的詩章也如是。所以近人獨奉初平，似乎也是最自然不過的事。

從浙江金華到廣東番禺

二皇君的傳說和崇祀活動，始於晉代，到宋大盛。現存有關的文字記載，大部分都在宋代。不僅有民間傳說，更有朝廷封詰，可見當時朝野對二皇君崇祀之熱烈，這當然與宋代的崇道淫祠有關。事實上，自宋而後，二皇君的傳說仍有流傳，但崇祀的活動，明顯沉寂了不少。到了清末雖然又興盛起來，但已無復宋代的盛況了。

二仙是浙江金華人氏，而且在金華證道，成為當地人的神仙信仰對象，是可以理解的。事實上，自晉而宋，二仙的奉祀活動，似乎都只限於浙江金華境內。但出奇地，黃大仙信仰卻在清末於廣東活躍起來。由浙江而廣東，黃大仙信仰活動「異代」「異地」的跳接，雖然可說是始於明黃公輔將新會的「羊石坑」易名「叱石巖」，但可惜有關的黃大仙信仰活動，卻文獻不足徵。由明代的新會至清末的番禺，黃大仙的「遷徙」路線，實難以考據。然而，對黃大仙於清末廣東顯聖，《黃大仙真經》卻有另一種解釋：「試思我晉朝，修道至清末，於今方成名。蒙玉旨封吾顯聖。……」據說這是黃大仙親自降箕的箕文，至於

可信性如何，讀者可自行判斷。

從「證道成仙」、「叱石成羊」到「除疾解困」、「有求必應」

又從「二皇君」發展到「黃大仙」的信仰活動，信仰的核心也有不少變化。晉代「二皇君」的信仰，可以說是人們敬慕神仙和企求成仙的產物，《金華赤松山志》便記載了不少唐宋的道士，如舒道紀、董惟滋、黃彥達、吳養浩等，入金華赤松山修道的事迹。由於對神仙的崇拜，二仙為人治病、救人厄困，甚至可以招風喚雨的傳說，也就應運而生，在民間流行起來。

及至清末，黃初平就更神通廣大。他降箕顯靈，為人癒疾，解人困厄，又可以隨問隨答，與凡人詩文唱和，甚至收納徒眾，宣揚道德。高不可及的神仙，變得與人異常「親近」，變得更有「存在」的可能和價值。原來「證道成仙」、「叱石成羊」的信仰核心，逐漸為「除疾解困」、「有求必應」取代，原來的傳說，已經晦而不彰了。

綜觀以上三點，可知清末廣東的黃大仙信仰，與晉代浙江金華的二皇君信仰，雖然源出一脈，但除了「黃大仙」與「黃初平」同屬一人，能為人除疾去厄之外，其他又似乎各不關涉。所以我們可以說，清末廣東的黃大仙信仰，是一個「新生」的民間信仰。

第三章

香港黃大仙信仰之確立

「新生」的黃大仙信仰，在 1897 年於廣東突然冒起，至今已有超過一百年的歷史了。而位於廣東，奉祀黃大仙的三間祠廟，卻因戰亂和反迷信的關係，先後被徹底破壞，不過黃大仙信仰並未因而中輟。黃大仙信仰自從 1915 年在香港植根後，幾十年間，不但在香港有蓬勃的發展，甚至傳播至東南亞及美加一帶。

1 · 梁仁菴與黃大仙信仰的因緣

首先將黃大仙信仰帶到香港的，是普慶壇的創建人——梁仁庵（道號傳道）道長。據他的裔孫根澤、福澤兄弟提供的資料，梁氏在 1861 年生於西樵稔崗，累世以務農為業。梁氏在稔崗受教育，二十多歲就在廣州海關當「師爺」（負責文書工作的小官）。閒時就聯同一群好友，扶箕遣興。相傳於 1897 年的某一次扶鸞，得黃大仙降箕，自此就成為黃大仙的信者，奉黃大仙為仙師，更入道成為道侶。他是普濟壇的重要成員，也是廣州第一間奉祀黃大仙祠廟的創建人之一。據說當時普濟壇的道侶中，只有梁仁菴能得到仙佛的感應，使箕筆移動和辨認沙上的箕字，所以成為普濟壇的主鸞。

1901 年，梁仁菴正好四十歲。他有感於清政府的衰象，更得到黃大仙的降箕啟示：廣州必有動亂，中國將面臨極大的變動，於是毅然辭職，回到家鄉西樵稔崗，全心全意發展與黃大仙信仰有關的傳道事業。他在稔崗，創設了普慶壇，繼續扶鸞傳道。為了籌建新祠，他又向當地的富商募捐，出錢出力，甚至捐出部分土地，作為祠址。普慶壇「赤松黃大仙祠」，就是在黃大仙「親自」箕示規劃、梁仁菴戮力監督下完成的。其規模和香火，都不讓廣州普濟壇的黃大仙祠專美。

民國以後，由於匪盜騷擾、軍閥爭權，普慶壇大受影響。後來梁仁菴因為得到黃大仙降箕，啟示「此地不宜久留」，必須向南遷徙。於是梁氏就在 1915 年，攜同黃大仙的畫像南來香港，再設道壇。

2. 香港早期黃大仙信仰的發展與特色

嗇色園創建前的香港黃大仙信仰

根據梁根澤兄弟所示，梁鈞轉道長於 1961 年間曾撰述有關嗇色園創建的歷史，敘述他與父親梁仁菴在 1915 年農曆九月，攜黃大仙畫像到香港的情形。當時梁仁菴會同道侶，先後在乍畏街萬業大藥行和大笪地某號 3 樓，開壇佈教。1916 年農曆三月，再遷往灣仔皇后大道東日月星街對面之 2 樓及地下，供奉黃大仙和開設福慶堂藥店。為了方便善信求取仙方，又在藥店後面附設箕壇，實行「前舖後壇」。1918 年農曆十一月，福慶堂不幸毀於火，梁氏頗受打擊，遂返回西樵普慶壇，不擬重來。但梁氏是箕壇的主鸞，地位重要，一些在香港經商的普慶壇同道，極想他回來恢復壇務。後經何星甫、葉竹軒、葉蓂階、梁邦賢等道侶，及兒子梁鈞轉聯名函請力邀，梁仁菴才「崔護重來」，租賃灣仔海旁東街 96 號 3 樓，與馮萼聯、張殿臣、郭述庭、陳柱石、唐麗泉等道侶，組織新的箕壇，名為「金華別洞」。

普宜壇嗇色園的創建

1921 年農曆四月，梁氏扶箕得到黃大仙的箕示，謂吉地在九龍城碼頭起，往北走三千步處，可闢地建祠。於是梁仁菴與馮萼聯二人，按「指示」走到蒲崗竹園村，插竹為記。然後回壇向黃大仙「請示」，知道該處就是「鳳翼」吉地。黃大仙「指示」二人將插竹處右移三尺，再後移三尺，定為新祠大殿的中心位置。在張殿臣、唐麗泉、郭述庭、陳柱石等商人的資助下，新祠在六月動工，七月落成，並奉黃大仙的箕示，命名為「嗇色園」，大殿則名為「赤松仙館」。同年八月，又得玉皇大帝箕賜，正式以「普宜壇」作壇號。到 1925 年，據說又得呂祖箕示「赤松黃大仙祠」六字，大殿才改作今名。

香港早期黃大仙信仰的特點

綜觀香港早期黃大仙信仰的發展，有以下三個特點：

首先，梁仁菴來香港設壇，帶來了黃大仙的畫像，普濟及普慶壇沿用的「藥簽」和「靈簽」，他並通過扶箕，使病人得到黃大仙箕示的「仙方」。由道壇最早依附藥行而生，到後來福慶堂藥店的「前舖後壇」，可知早期的黃大仙信仰，實與「仙方」有密不可分的關係。

其次，扶箕既可問病，也可問事。神靈降箕，問病得治，問事立決，相信是黃大仙信仰得以傳播的關鍵。日月星街的道壇失火停辦，原來意興闌珊的梁氏，在一群善信力請之下，去而復來，進而籌組「金華別洞」，相信也與梁氏是當時唯一的箕首有關。至於為新祠覓地、命名，都是全依扶箕的結果行事。可見扶箕是香港早期黃大仙信仰的核心。

最後，據梁根澤先生稱，福慶堂藥店並非梁仁菴道長獨資，乃由善信捐助，所以福慶堂可說是道壇的資產。而支持梁仁菴再度來港，出資組織「金華別洞」及籌建「嗇色園」的張殿臣、陳柱石、郭述庭、唐麗泉等善信，都是甚有財力的殷商。沒有他們的財政支持，黃大仙信仰在香港的發展，相信會有更多障礙。

第四章

嗇色園與香港黃大仙信仰之弘揚

香港黃大仙信仰的發展條件，雖然與廣東的分別不大。但這位南下香港的「新生」神祇，卻並未像在廣東一樣，很快就形成一股信仰熱潮，反而波折重重：供奉他的道壇，半年三遷；稍為穩定，又遭遇祝融光顧；甚至因為箕手梁仁菴返回西樵，幾乎中絕。幸得道侶齊心，力勸梁氏買棹重來，再掌道壇；兼且紳商出錢，籌建新廟，黃大仙始能在香港「安身立命」。黃大仙信仰在香港起步的艱難，梁仁菴等道侶經營的勞苦，可以想見。

就在嗇色園落成，普宜壇正式視事，黃大仙在香港初得安身之祠廟的同時，梁仁菴道長卻因病溘逝。事緣當年（1921）農曆七月二十日，大殿開光盛典過後，梁氏返回西樵稔崗普慶祖壇，不數月而發病，再過數天竟不治身故，前後不過十餘日。自此，普宜壇及普慶祖壇，則由梁鈞轉及壇內道侶共同維持。

1. 梁鈞轉家族與嗇色園

梁鈞轉是仁菴道長的哲嗣，入道後號曰果勤，後改為勤覺。他十八歲時，在稔崗普慶壇入道。據梁氏家藏、梁鈞轉道長撰述的〈嗇色園創建歷史初稿〉，當時他染上怪病，在大腿內側，生有一硬如卵石的疽瘡，群醫束手，性命危在旦夕。父親梁仁菴命他向黃大仙乞賜藥方，鈞轉服食箕賜方藥十餘日，怪病竟得痊癒。自此，鈞轉對黃大仙深信不移，入道成為大仙弟子。兩年後，梁仁菴南來香港發展，鈞轉即追隨左右。據梁氏家藏《列聖訓示乩示部（簿）》，梁鈞轉早在 1920 年得黃大仙箕批，成為他父親在普宜壇的繼後弟子。（按壇規，一人入道，只繼一子。）至 1924 年，再得大仙箕示，得任梁仁菴在西樵普慶壇的繼後弟子。因此，梁鈞轉可說是仁菴道長的衣鉢傳人。梁仁菴逝世，鈞轉繼承其父的職志，與馮萼聯道長合力為草創的普宜壇主理壇務，自 1921 至 1971 年梁氏逝世止，五十年間，他都與嗇色園結下不解之緣。香港淪陷的三年零八個月裏，他日夜留駐園內，甚至與刻意刁難、迹近掠奪，企圖徵用祠地的日軍周旋，幾乎喪命。嗇色園未為日軍蹂躪，直至和平仍完好無損，梁氏功不可沒。

梁氏先世務農，到梁鈞轉才開始經營中藥，更發展成為家族生意，這個轉變也與黃大仙有密切關係。據梁根澤道長口述，鈞轉隨父來港，就在福慶堂藥店的舖面幫工，協助贈醫施藥工作，開始接觸中藥，後來更隨關姓中醫師學習，漸懂藥性後，才自設藥店，經營中藥。日佔時期，梁氏也曾解囊，參與施藥的善舉。梁氏之所以入行學藝，經營中藥，其實並非偶然。據梁氏家藏《列聖訓示乩示部（簿）》的記錄，1922 年鈞轉失業，曾向黃大仙扶箕請示，黃大仙的箕示云：

> ……泛泛江潮未有涯，轉行壬水自然佳。龍津有地權生業，藥肆
> （肆）營謀小就揸。

所以筆者以為，梁氏之入行學藝，經營藥肆，實是遵從黃大仙訓示的結果。

梁鈞轉是一個虔誠的黃大仙信徒，從他的手澤《列聖訓示乩示部（簿）》得知，無論結婚擇日、喪葬卜期、家宅風水、家小疾病等，事無大小，他都會向黃大仙請示，而且依大仙的箕示行事。在他的感染下，兒子根澤（道號知醒）和本澤（道號見醒）都先後入道，更成為普宜壇的經生。普宜壇在 1958 年首次成立經生訓練班，梁根澤即任主任。梁家三代均篤信黃大仙，而且入道成為經生，「三代四經生」，一時成為美談。1959 年以後，根澤、本澤兩位道長，雖然未有續繳會費，已非嗇色園會員，但與嗇色園仍保持來往。而梁鈞轉的小兒——梁福澤先生，則自 1989 年起，擔任嗇色園董事至今。黃大仙信仰可說是梁氏的家族信仰，而香港黃大仙信仰的發展與傳播，實與梁氏家族息息相關。

2. 草創時期的嗇色園

1921 年新建的嗇色園，可說十分簡陋。除了大閘和水井外，大殿、麟閣、辦事處（即後來的經堂）、宿舍等建築物，均用竹棚搭建。翌年風災襲港即遭破壞，需要重建。從〈嗇色園大事回顧〉一文得知，在 20 世紀 20 至 30 年代，

嗇色園內的建築物不斷添建，也不斷重修。添建的計有客堂、鸞台、丹爐、土地廟、悟道堂、盂香亭、玉液池、「金華分蹟」牌坊、「第一洞天」大閘及園外竹籬。1937 年，得到黃大仙箕示，謂為謀嗇色園永垂久遠，建築物須五行配合，成五形之局：鸞台金形、經堂木形、玉液池水形、盂香亭火形、獨欠土形，於是在 1938 年又添建照壁，湊成五形之局。至此，嗇色園才漸見格局，初具規模。

嗇色園是由一群信奉黃大仙的商賈道侶斥資興建的。當時認識這位「新生」廣東神祇的人甚鮮，嗇色園的香火也十分稀少。據說戰前每年善信所捐香油錢不過數十元。經費多賴總理及理事補貼。舉凡建醮法會、附薦先靈、啟建萬善緣法會、盂蘭勝會，也由總理、理事及道侶們獨資或合資舉辦，甚至添建或重修園內的建築物，情況也相同。所以嗇色園可說是私人的道院。後來黃大仙漸漸以仙方知名，前往參拜的人士日多。根據當時華人廟宇委員會的法例，凡私人修道院，未經許可，不得任人參拜。為免觸犯法規，嗇色園曾在 1934 年將大殿關閉，只供道侶及其家屬參拜。後經總理何華生道長轉託周竣年爵紳，向華民政務司申請，得准在每年元月開放大殿，供社會人士參拜。

普宜壇正式視事的初期，前來參拜的人雖然不多，但加入普宜壇的道侶卻有不少。他們大都是壇中道侶的親屬友好，部分更是有財力的商賈。他們入道的原因，除了「仙方」可治病外，相信還與當時流傳於道侶間、黃大仙「靈驗」的傳說有很大關係。其中一個傳說是跟梁仁菴道長有關的：在梁氏逝世後的農曆九月初一，普宜壇依例開箕，得到「杏壇設教顏子賢、孔聖威顯萬千年、別辭凡間旬餘日，幸遇大聖超拔先。我是梁傳道也。」的箕文。傳道是梁氏的道號，所以道侶們都相信梁氏已經超凡成道，能降箕顯聖。又同年農曆七月二十日，黃大仙陞座當日，燃燈佛降箕的箕文有「龍華三期慶已定，帶攜弟子返西京，黃仙弟子列冊內，善者一實列美名。」的句子，後來道侶們都認為是仙佛預示梁氏仙遊的明證。而他的後人相信明示或暗示梁氏超凡成道的箕文還很多，都記錄在梁氏家藏的《乩示部》內。另一個傳說，在〈嗇色園大事回顧〉一文內也有記載：1931 年農曆九月，黃大仙箕示何小相道長（寄住在嗇色園的前清進士）謂：「汝不回鄉省墓已三年，今重九將臨，宜歸祭掃。」何氏返鄉數日後，

無霞子真從梁仁菴玉照

九龍嗇色園創辦人

弟悟謀子馮萼聯敬贈

香港黃大仙信仰的奠基者——梁仁菴道長（梁氏家藏）

日佔時期長駐嗇色園的梁鈞轉道長（梁氏家藏）

1921年嗇色園舊貌（載《嗇色園六十周年鑽禧紀念暨鳳鳴樓九龍壁落成揭幕典禮》）

他的長子又得到黃大仙降箕，命他從速回鄉，與父親見最後一面。他回家當日晚上，何道長就忽患急症遽逝。道侶們都相信是黃大仙顯靈，為免何氏客死異鄉，故意命他回鄉掃墓。這些傳說對黃大仙信仰的傳播影響頗大。當年的道侶對黃大仙深信不移，而且樂於出錢出力，支持維護嗇色園，相信原因也在此。

又供奉黃大仙的道壇，素來均致力於贈醫施藥。1924 年嗇色園即在九龍城西貢道，開設藥局（1936 年再遷到長安街），並遵黃大仙的箕示，取「桃園結義」之意，聘請劉延達、關伯庸、張吉雲三姓中醫師駐診，贈醫施藥，惠及貧民，嗇色園黃大仙的名字，至此漸為人知。隨着 1937 年全面抗戰，1938 年廣州失陷，大批國人湧入香港，在 8 月酷熱的天氣下，霍亂在九龍城首先出現，並蔓延至旺角、深水埗等地區。黃大仙的「仙方」和嗇色園的贈醫施藥，自然成為了貧病交煎的難民交口相譽的良方和善舉，嗇色園也日漸馳名。大批的善信更湧到已關閉的大殿門外參拜，嗇色園恐抵觸法例，唯有再把「第一洞天」的大閘鎖上。不過善信並未因此而卻步，都雲集在廟門竹籬外參拜。為善信解簽的人，索性就在解簽檔內安奉黃大仙，以方便參拜為名，招徠生意。一時門限欲穿，蔚為奇觀。

當時黃大仙雖然日益馳名，但由於園址荒僻，四邊都是貧瘠的田野，參拜的人都要走上山坡，越過田間泥路，十分不便。日間工作的道侶，晚上到嗇色園參神問箕，往往要摸黑攀走山路，遇有風雨，一片泥濘，就更添麻煩。為了利便參拜，一些道侶和善信就另組壇場。據華松仙館李行道長提供的資料，戰前奉祀黃大仙的壇場，就有鴨巴甸街的普敬堂、深水埗的普生堂，後來再合併成紅磡普安堂。又據梁根澤道長證實，當年的「多多佛學社」，也是由一批黃大仙信徒組織成立的。

由此可知，20 世紀 30 年代後期，黃大仙信仰在香港民間信仰中，已經穩佔一席。

3. 日佔時期的黃大仙靈異傳聞

隨着世界大戰的爆發，香港也於 1941 年 12 月淪陷。嗇色園被迫將長安街藥局結束，疏散僱員。施藥的善舉最初仍由唐福駢道長解囊支持。求方者可憑方，到九龍城仁生堂或澤民藥局，免費領藥一劑，後來陳精博、梁鈞轉和馮講菴三道長相繼加入，每天施藥仍以 50 劑為限。到 1943 年，嗇色園才在大殿東側的青雲巷，復開藥局，恢復施藥。

日佔時期，嗇色園的道侶都疏散各處，只留梁鈞轉道長及幾名員工駐園。1941 年，日軍進駐九龍城，途經竹園村，見嗇色園門外停有汽車，曾向梁氏索取汽油補給。梁氏答稱園內無汽油，汽車也非嗇色園所有。日軍不信，反指梁氏逆命，要立斬梁氏。幸得當地維持會會長轉圜，取出私家車內汽油，交予日軍了事。

1942 年，日軍成立「地方行政部」，把港九劃分為十八區。翌年，日軍地區事務所召見梁鈞轉，備問黃大仙的成仙歷史，梁氏以〈黃大仙自序〉與之。後來牛池灣被炸，死人無數。日軍地區事務所又指命嗇色園及維持會派人前往驗屍，梁氏代表嗇色園完責。

1945 年，嗇色園面臨被日軍徵用的危機。當時日軍以改建機場為理由，提出徵用嗇色園及附近數十鄉村的要求，並限期遷出。梁氏只得偕同鄉民往地區事務所請願。當時所長就命梁氏及各鄉民代表於正月初七日，往機場聽候山下區長發落。梁氏等如期到機場候命。後來據說因山下區長及所長在下車時，均跌倒受傷，徵地之事被迫押後。同年 8 月，世界大戰結束，香港重光，危機自然解除。

戰後的嗇色園，香火十分旺盛。雖然門禁未開，但在園外參拜的人卻與日俱增。戰時種種有關黃大仙「顯靈」的傳說，不脛而走。這些傳說，不僅停留於人們口耳之間，更清楚記錄在〈嗇色園大事回顧〉中，現摘錄如下：

　　．日軍進駐九龍城，欲在嗇色園駐軍，但卻於入大殿視察後離開，

再未談及駐軍之事。當時的人相信是黃大仙「威靈顯赫」的寶像，令日軍懾服所致。

‧1942 年，有日軍入嗇色園遊覽，見鸞台外有「飛鸞台」篆字的區額，想據為己有。在強行拆取之際，卻失足跌倒。後來還向黃大仙像鞠躬而去。時人都稱是大仙「顯靈」，對那莽撞的日軍，施以教訓。

‧1944 年 5 月某夜，日軍突然入嗇色園搜查，命園內各人齊集，出示身份證件。當時有一名員工因受驚逃遁，另一名又未帶備證件。正怕日軍追究之際，盂香亭側，突然有紅光閃出。日軍即放棄追查而去。化險為夷，時人都以為是大仙「顯靈」的明證。

‧1945 年，日軍要徵用嗇色園及附近數十條鄉村。梁氏和鄉民在請願後，曾在嗇色園大殿齊集問卜，結果求得上簽。果然徵地的危機，不久就得以解決。又據當日梁氏和各鄉長在機場候見區長的見聞：區長和所長前後乘坐軍車而至，但不約而同都於下車時，仆地跌到，擦傷面部，加上渾身泥濘，方無暇提及徵用之事。在上簽的「預兆」下，鄉民就更加相信上述的「怪事」，都是大仙「顯靈」而發生的。

前面三個有關黃大仙「顯靈」的事，所見的人到底不多，而且都是園內的人。只有最末一個，就連各位村民代表都耳聞目睹。所以流傳最廣。雖然可以說是事出巧合，但這種在殘暴日軍的徵用令下，居然可以保住家園的「奇迹」，村民都相信若非神力決不可辦。時至今日，不少年紀稍長的善信，對此事仍津津樂道。

其次，在日佔的三年零八個月裏，香港百業凋蔽，糧食短缺，燃料不足，許多人更被日軍強迫做修船築路的苦工。嗇色園的梁鈞轉道長及員工，雖然備極辛勞，飽受虛驚，但都能安然無恙。當時香港多處地方被炸毀，九龍城砦及宋皇台一帶的建築物，多被日軍拆毀，以擴建機場。但位近九龍城的嗇色園卻完好無缺，據說當時鄰近嗇色園的鄉村也安然無損。當時的人自然就更深信黃

屬金形的飛鸞台銅亭，1989 年改建。

屬木形的經堂（即現時的辦事處），1981 年重建。

屬水形的玉液池，1981 年增修。

屬土形的照壁，1938 年建。

屬火形的盂香亭，1933 年建。

當年日軍欲強行拆除的飛鸞台匾額
（載《黃大仙祠簡介》）

大仙的「神異」了。前往嗇色園求簽問卜的善信，自然就更多了。

當然，戰後迅速傳播的黃大仙信仰，除了與上述或「巧合」，或「靈異」的傳聞有關外，一定也與嗇色園在日佔的艱難日子內，仍然堅持施藥的善舉有關，令無數人受惠的結果，是知名度日高。戰後，嗇色園施藥依舊，加上施藥局自 1943 年遷近大殿東的青雲巷，自然更能吸引求簽問方的善信了。

4. 黃允畋與收地危機

就在信仰黃大仙的善信與日俱增，嗇色園門外的解簽檔及販賣齋品香燭的小販越來越多的時候，普宜壇嗇色園卻又要面臨另一次危機。

原來嗇色園之園址，並非自置物業。自 1921 年以來，均屬租用。戰後，香港政府將上址收為官地，並以逐年批約的形式，租予嗇色園。隨着戰後香港人口激增，政府推行廉租屋計劃，以解決住屋問題。當時的竹園村，就是其中一個廉租屋興建的地盤。1956 年，嗇色園接獲工務局的知會，指往來嗇色園進香參拜的士女，經常擁塞於道，為免阻礙附近地盤的建屋工作，政府決於來年收回土地，不再續批租約。據嗇色園前任主席、亦即當年初任總理的黃允畋（道號友覺）道長的憶述，政府收回該地，興建廉租屋的意圖是很明顯的。因為政府的收地計劃早已開展。兩年前政府已拒絕接受該地之地租，可惜當時的總理及理事並未察覺政府的意圖。到批出廉租屋的建築圖則後，政府才積極行動，並以此事商諸華民政務司。

黃道長知道事態嚴重，即往見華民政務司司憲鶴健士先生，希望事有轉機。但華民政務司表示：一來嗇色園沒有該地段的業權，政府有權不批租約。二來嗇色園於年前大開門禁，供人參拜。雖說是為免如鯽的善信造成混亂，事非得已，但卻已違反了廟宇條例，政府也有權關閉嗇色園。所以對於政府收地的決定，他們也愛莫能助。黃允畋除了通知嗇色園立即把大門關閉外，也感到一籌莫展。

後來黃允畋多番奔走，得到華人代表羅文錦、周竣年兩位爵紳，以及華人廟宇委員會委員鄧肇堅先生的協助，並邀得東華三院的合作，遂向政府建議：凡入嗇色園參拜的士女，須繳入園費1角，收費悉數撥歸東華三院作辦學經費，請求政府撤回收地的成命，並批准嗇色園全面開放。在黃允畋歷時五個月的斡旋下，收地事件方得到解決，嗇色園得以保存。就在同年黃大仙寶誕的前兩天，東華三院主席龍炳棠先生、首總理張鎮漢先生，與嗇色園總理黃允畋道長、吳廣智（道號儔覺）道長，在嗇色園大殿內，鐘鼓齊鳴下，簽署合約，東華三院並聲明對嗇色園一切主權及法益，絕對尊重。嗇色園也於當日起全面開放。

隨着戰後香港人口回流和日佔時期黃大仙「靈驗」異聞的傳播，信仰黃大仙的人不斷激增。到嗇色園全面開放後，前往參神的士女就更絡繹不絕，其人數大大超出了嗇色園原來的估計。黃允畋與東華三院商議時，曾估計合作後，東華每年可獲的入園捐款不少於3萬元，撥充辦學經費。結果，嗇色園開放的首年，「東華」得到的入園捐款，竟高達7萬多元。以入園費1角計算，當年進入嗇色園的人次，已經超過70萬了。而嗇色園藥局的施藥服務，也隨着善信的激增，不斷擴展。據嗇色園的統計，施贈的藥劑數目，1956-57年度是62,100劑，1959-60年，已倍增至126,500劑，平均每天施藥300多劑，與戰時每天的50劑相比，增加接近六倍。由入園人次和贈藥劑數，不難想像香港黃大仙信仰在戰後十多年間的發展速度。

黃 允 畋 與 嗇 色 園

黃允畋道長是廣東南海人，秉承父訓，敬奉儒釋道三教。他是香港的紳商，在香港的宗教界，同樣扮演着重要角色。除了擔任嗇色園主席外，也是世界佛教友誼總會及香港佛教聯合會的副會長、孔教學院永遠榮譽院長和華人廟宇委員會會員。20世紀50年代初，法例規定，嗇色園只限道侶及其親友入園參拜。為了方便參神，黃氏遵從父親的訓示，在1952年入道，成為嗇色園的道侶。

然而，入道短短四年，黃氏竟於1956年一躍成為嗇色園的總理，其間頗有因緣。事緣1955年的下元節（農曆十月十五日），嗇色園例行杯卜，選任

20世紀40年代嗇色園道侶：前排左二為梁鈞轉
道長、二排左三為梁根澤道長（梁氏家藏）

50 年代嗇色園道侶（梁氏家藏）

1970 年嗇色園赤松黃仙祠舊貌（載
《嗇色園六十周年鑽禧紀念暨鳳鳴樓
九龍壁落成揭幕典禮》）

嗇色園前任主席黃允畋
先生（黃氏提供）

63

來年總理及理事。當時總理候選人有二十一位，並不包括黃允畋。後來陳立道
長在杯卜前，倡議加入黃允畋，眾皆同意，總理候選人於是增加一人。在杯卜
過程中，前面二十一位都未得三聖杯，也就是未得黃大仙的首肯和批准。而黃
允畋卻連得三筊聖杯，於是被推為下屆總理。當時沒有在場的黃允畋事後得知，
曾作推辭，理由是道籍尚淺，未諳園務。但園中道侶均以杯卜過程不可思議，
黃大仙「意旨」不可違抗，再三邀請。黃允畋才接受任命，成為1956年的總理。

但黃氏甫接任總理，嗇色園就遇上「收地危機」。黃道長坦言當年為了解
救關係嗇色園存亡的收地危機，耗費了不少勞力和心血。至於他倡議與東華三
院（以下簡稱東華）合作，原因無他，完全是想借重東華在社會上的名氣和影
響力。當時東華是一所規模宏大，醫護條件良好的非官立醫院，更因為得到省
港澳及海外的商賈名流捐助，成為與保良局齊名的慈善機構。而東華的董事局
成員，盡是著名的紳商，在社會上頗有影響力，足以左右政府的決策。加上當
時不少廟宇，如荷李活道的文武廟、九龍城的侯王廟，都先後經華民政務局撥
歸東華管轄。

當時身任東華首總理（按東華董事局成員，每年選有總理十多人，從中推
選首總理三人，再由三人互推一人為主席。所以首總理一職，相當於副主席）
的黃允畋，自然是奔走幹旋的最佳人選。對外要游說政府官員和社會紳商，邀
請東華合作；對內要說服園內的道侶，接受這個「救亡」建議。當時的道侶對
與東華合作一事，意見紛紜：有的根據黃大仙過往的「仙跡」，深信黃大仙必
能以神力自保，收地危機必定迎刃而解，毋須附託外人；有的認為黃氏覬覦東
華主席之位，不惜「出賣」嗇色園，討好東華，以此積累競選資本；有的更提
出「寧為玉碎，不作瓦全」之議，決不與東華合作；⋯⋯雖然黃氏當眾於黃
大仙像前立誓，聲言一俟東華首總理任滿，即行卸任，並永不出任東華任何職
位。但眾口紛紜，仍難有一致的決定。最後所有道侶齊集大殿，以「民主投票」
決定意向，結果只有一票反對與東華合作，事件得以解決，收地危機方告結束。

嗇色園自全面開放，善信人數不斷加增，嗇色園也有長足的發展，有人認
為當年黃大仙對收地的危機早有靈感，於是藉杯卜委命黃氏出任總理。隨着嗇

色園的順利發展，黃氏也漸漸贏得道侶的信任和支持。自 1958 年始，黃允畋就在嗇色園董事會出任要職，並自 1967 年起，一直被推選為嗇色園董事會主席。嗇色園自 1956 年以後的發展，可說與他息息相關。

5. 嗇色園的開放與蛻變

嗇色園 1956 年全面開放後，香火鼎盛，善信捐獻香油和簽助善款的數目，也日益龐大。嗇色園除了繼續發展施藥服務外，又積極辦學及參與社會慈善事業，事務日漸繁重。嗇色園無論在對外對內各方面，都起了很大的變化。

嗇色園內部組織的變化

在內部的組織管理方面，是重新登記道侶及會員的會籍，徵收入會費。1959 年成立「建設基金保管委員會」。1961 年以黃允畋為主任，成立「社團法人註冊小組」。1965 年更成功向有關當局申請並註冊成為慈善社團法人，得政府核准豁免「有限公司」名號。自此嗇色園一切對外對內的決策，均由新的董事會負責。董事會各成員由各遴選會員投票選出。1984 年，又接納華人廟宇委員會的建議，增設六位委任董事，包括東華三院主席、黃大仙區政務專員、華人廟宇委員會行政秘書，以及教育界、財務界等專業人士三名。使董事人數由原來的十五位增至二十一位。董事會設主席一人，副主席三人，義務秘書、義務正副司庫各一人。董事會一切決策，由秘書處負責執行。又設財務及發展、人事及行政、教育、醫藥及社會服務和宗教事務五個小組。由主席、三位副主席及義務秘書分別擔任小組主席，釐定及草擬一切有關的政策、活動和預算。

戰後開始，嗇色園已不斷修葺重建園內的建築物。1967 年，政府將逾 14 萬平方呎的園址，撥歸華民政務司立案法團擁有，再交予嗇色園永久使用。嗇色園永遠解除收地的威脅後，更積極修建，改變廟貌。隨着東華三院興建及管理的兩列簽棚在嗇色園南面落成，園外簽檔便遭拆除一空，大型的重建大殿計劃，又於 1969 年開展。1973 年，大殿裝飾工程全部竣工，工程包括加建擴充

嗇色園大殿祭壇，供奉赤松黃大仙（載《黃大仙祠簡介》）。

1973 年香港赤松黃仙祠重建新貌

拜庭平台、增建園內花圃及石壁流泉，園外又新建刻有「第一洞天」的石門樓及面向龍翔道的牌坊。20 世紀 80 年代，嗇色園又在東面的大門口擴建了樓高兩層的醫藥局、改建了飛鸞台銅亭、擴建花園和在花園內安裝九龍壁。後來更得到政府多撥 5 萬多呎土地，興建「從心苑」長廊花園，和不斷增修園內各個建築物。1991 年，東華三院管理的「黃大仙簽品哲理中心」落成，取替了園外的僭建攤檔，使嗇色園內貌外觀都煥然一新。今日的嗇色園不但是區內莊嚴的廟宇，更是香港市民休憩遊覽的勝地。

嗇 色 園 對 外 服 務 的 發 展

嗇色園向來重視贈醫施藥，戰後仍積極發展，1955 年更聘請了義務中醫師兩名，長駐醫局贈診。但隨著香港民生的改善、醫療服務的普及，市民對嗇色園「仙方」及贈藥的需求並沒有與年俱增。自 20 世紀 60 至 70 年代末期，嗇色園每年施藥仍徘徊在 14 萬至 17 萬劑之間。為了配合時代的進步和社會的需要，1980 年嗇色園擴建醫藥局，除原有的中藥仙方及贈診贈藥的服務外；又設西醫診所，聘請註冊西醫駐診，提供診療、注射及配藥服務。後更成立嗇色園醫藥基金會，以擴展並提供專科診療服務。據嗇色園 1991 年公佈的數字，中藥局全年贈藥 8.9 萬劑，到西醫診所求診者達 5.9 萬人次。

1962 年以來嗇色園參與過不少賑災工作，使很多受風災、水災及火災影響的災民，都得到緊急賑濟和援助。1991 年更把賑災工作，擴展至中國大陸，使受水災禍害的同胞受惠。至於其他大小慈善工作和活動，就更不勝枚舉了。

嗇色園在 60 年代伊始，已積極辦學育才。時至今日，其轄下的教育機構已達十一所，包括幼稚園、小學、中學，並設有天文館的郊野學習中心。70 年代後期，更積極參與社會服務，特別是老人服務。在短短的十數年間，已在港九新界，開設了十二間老人宿舍、老人社區服務中心及康樂中心。除了為老人提供不同的服務外，又設有兩間幼兒園，為學前兒童提供服務。

三教融和的宗旨更形突出

嗇色園內除了在大殿主祀黃大仙外，還以「麟閣」供奉孔子，「盂香亭」供奉燃燈佛，「三聖堂」供奉觀音、關帝和呂祖。所以可說與香港許多道觀一樣，是以道教為主，兼奉儒釋二教的宗教團體。這種「三教合流」的主張，據說源自黃大仙箕示的教訓：普宜壇在 1963 年刊行的《三教明宗》，就是對三教要旨的闡述，內容都是三教聖人降箕的箕文彙輯。而兼奉三教聖人，其實也是上承廣東普濟和普宜祖壇的做法。1973 年嗇色園大事重修主殿，「赤松黃仙祠」殿內的牆壁上，又增繪了三教圖文。除了《黃大仙真經》和《黃大仙寶誥》外，屬道教的有老子「出關圖」，老子《道德經》、《太上感應篇》和呂祖《治心經》摘錄；屬於佛教的有「蓮池海會」、「楞嚴法會」、「五時說法」三圖，經文有《般若波羅密多心經》；屬於孔教的有「杏壇講學圖」及《禮運》、《大同》篇和孟子《天降大任》章。三教合流的主張，更加顯而易見，而且旗幟鮮明。嗇色園列聖寶誕的誕期，見表一。

表一	嗇色園〈列聖寶誕日期一覽表〉				
月	日	寶誕名	月	日	寶誕名
一	初九	昊天金闕玉皇大帝天尊玄穹高上帝	七	初一	太上先天道祖大洞至尊
	十五	上元一品賜福天官紫微大帝		十五	中元三品赦罪地官清虛大帝
		黃仙師三代仙親			黃仙師三代仙親
二	初三	九天開化文昌帝君		二十二	都天至富河寶星君
	十五	太上先天道祖大洞至尊		二十四	城隍主宰正直尊神
三	初三	北方真武玄天上帝	八	初一	九天楊化金甲神君
四	初八	南無本師釋迦牟尼佛		十六	戰鬥勝佛齊天大聖
	十四	開天贊化孚佑帝君		二十二	南無無上上燃燈聖佛
	十五	開天闡化正陽帝君		二十三	運元威顯普濟勸善赤松仙師
	十八	漢代良醫華陀先師		二十七	大成至聖孔子先師
	二十三	壽世生民藥王大帝	九	初九	啟教祖師明心聖佛
五	十三	威顯威武侯	十	十一	朝陽得道啟善菩薩
六	初三	南無三洲感應護法韋馱尊天菩薩		十五	下元三品解厄水宮洞陰大帝
	初六	崆峒道人廣成大仙			黃仙師三代仙親
	十九	南無大慈大悲觀世音菩薩	十一	十九	南無大慈大悲觀世音菩薩
	二十四	忠義仁勇關聖帝君			

1973 年 9 月 28 日嗇色園重建赤松黃仙祠落成，
港督麥理浩爵士主持揭幕禮後留影。

1987 年香港赤松黃仙祠俯瞰圖
圖中廟外搭建的簽棚清晰可見

嗇色園雖以三教融和的精神為主體，但信仰的中心，還是集中在黃大仙身上。所以到嗇色園的善信，大部分都是以他為問卜或祈求的對象。自門禁大開以來，嗇色園大殿的拜庭，不僅逢年過節，就是平日，也一樣擠滿了或貧或富、或老或少的善男信女。黃大仙「靈驗」的種種仙迹，不但街知巷聞，「有求必應」更漸漸成為黃大仙靈驗的代稱。不論善信的健康財富、前程學業、職業婚姻，甚至近年熱門的移民問題，黃大仙都能一一「照顧」。戰後的黃大仙，彷彿已經身兼「藥王」、「月老」、「文昌」、「觀音」等諸神的職責，為人謀福祉。難怪香港黃大仙信仰雖然只有七十多年歷史，但黃大仙已經成為香港人崇祀的大神之一，而且早在 20 世紀 80 年代，更隨香港信徒移民，傳播到海外去了。在金華和廣東的黃大仙祠廟相繼遭到破壞和湮沒，甚至差不多被人完全遺忘之後，後起的香港嗇色園，就成為了黃大仙信仰的新的中心。

6. 黃大仙的靈驗傳聞

在社會上流傳，宣揚黃大仙「靈驗」的新舊傳聞中，最有趣的，莫過於與「黃大仙警署」有關的傳聞。香港的警署，向來都供奉關帝，其中黃大仙警署，除了拜關帝外，還供奉黃大仙。箇中原委，話說這間警署在該區落成後，因位於黃大仙新區，所以取名「黃大仙警署」。啟用後，區內即發生多宗重大案件，而警署內的員工，也相繼出現大大小小的問題，令該署高級人員傷透腦筋。最後決定來個「名實相符」：請黃大仙座鎮警署。在得到上方批准、嗇色園首肯，以及風水先生的測量後，黃大仙被安奉到警署內。據說當日迎神的儀式十分講究，警署的各級官員，都到嗇色園「迎神」，而嗇色園也鄭重鳴鐘敲鼓來「送神」。當時由警署的高級官員捧扶黃大仙畫像領前出廟，大批中西警員隨後，一路還燃放鞭炮，引來大批途人圍觀。安奉的儀式也十分隆重，全體中西警官及警員都齊集大堂，向黃大仙神像，或行跪拜禮，或行鞠躬禮，以表尊敬。自此之後，區內治安就綏靖得多了。筆者曾走訪黃大仙警署，參觀過在一樓大堂供奉黃大仙畫像的神壇，壇枱上還供有鮮花果品。據一名在該署任職多年的警員透露，該署在黃大仙寶誕前後，會舉行隆重的參拜儀式。當天除了警署內的官員和警員外，黃大仙區區議員，嗇色園主席等，都會應邀出席。（但類似的典禮，並非每年都舉行。）黃大仙在香港社會的影響力，由此可見一二。

20 世紀 80 年代中期於香港赤松黃仙祠廟外林立的簽檔

三聖堂，供奉觀音、關帝和呂祖。

麟閣，供奉孔子及其弟子。

1969 年 12 月 8 日落成，由嗇色園興建的可立中學外貌。

1987年嗇色園主辦的可善老人宿舍落成，圖為當時的衛生福利司黃錢其濂（左四）主持揭幕禮後留影。

1996年1月嗇色園主辦的可觀自然教育中心暨天文館落成，圖為當時的教育署署長林煥光太平紳士主持揭幕儀式。

第五章

嗇色園以外的香港黃大仙道堂舉隅

隨着香港社會的不斷都市化，嗇色園也由同道的組織，衍化成社會組織。在不斷強化組織，擴展普濟勸善事業的同時，不少原有的宗教傳統，卻日漸褪色和湮沒。昔日的私人修道院，已變成華人廟宇監管下的其中一所開放廟宇。又隨着舊有道侶的仙逝與流失，嗇色園已經沒有道士駐園，時至今日，所有經生都是業餘的，遇有隆重的祭典，主持的道士和法師，也得向外聘請。最重要的是，黃大仙信仰賴以產生的扶箕活動，也於 20 世紀 70 年代初期停止了。據黃允畋道長稱，由於當時衛姓的箕手仙遊，園內後繼無人，到外面延請，又怕遇上「神棍」作偽，故決意取消扶箕。嗇色園的宗教色彩，似乎日漸淡化。與其稱它是宗教團體，倒不如稱它是慈善機構來得貼切。

不過這些在嗇色園日漸褪色和湮沒的黃大仙宗教傳統，卻在其他奉祀黃大仙的道壇中，得到保留和延續。這些道壇大多是因當時的嗇色園地僻路遠、參拜不便，由道侶及善信在戰前籌組創建的。其中華松仙館和元清閣的創建，可謂其中代表。

1. 華松仙館

有關華松仙館的歷史，據該館秘書李行道長提供的資料，實可追溯至 20 世紀 30 年代。當時有幾個本屬嗇色園的道侶，為了在工餘時方便參拜黃大仙及扶箕問事，於是聯合商賈善信，先後在港島的鴨巴甸街及九龍深水埗的福榮街，建立普敬壇及普生壇。抗日戰爭開始，香港局勢緊張，富人商賈紛紛離港避禍。壇場也因為失去經濟支持，被迫結束。後經道侶商議合作，才在紅磡差館里近觀音廟處，另組普安壇。不過旋因香港淪陷，又遷往旺角彌敦道黃庇德道長家中，而過程也頗為曲折。據說當年某夜，他們得到黃大仙箕示，指示壇台必須於三天內遷出。道侶們不敢怠慢，但以時間倉卒，只得將道壇移奉家中，並以杯卜形式向黃大仙請示。結果黃道長杯卜三聖，於是將黃大仙接奉家中。事後紅磡上址果遭炸毀。到了 50 年代中期，由於彌敦道樓宇拆卸，於是由鄧衡修、王榮修及黃庇德等道侶捐資，並由黃氏以私人名義擔承，向銀行貸款購入砵蘭街 338 號 8 樓全層，作為普安壇新址，並命名為「華松仙館」。1976 年又添

購毗鄰新廈 7、8 樓全層，將新舊兩座同層的樓宇裝修接通，擴充成現址。

華松仙館以黃庇德、鄧衡修和王榮修三位道長為創辦人，在 1969 年得華人廟宇委員會批准，註冊成慈善社團法人，以「有限公司」形式經營，並豁免一切稅項。與嗇色園相比，華松仙館的規模不大，香火也不鼎盛。目前該館道侶的年費，每人只收 30 元。道壇開銷素賴各屆總理捐簽及道侶們年中投燈維持。年前曾計劃與西醫診所合作，行贈診施藥的善舉，但因財力不足，沒有實行。

表二　華松仙館列聖寶誕日期一覽表					
月	日	寶誕名	月	日	寶誕名
一	初九	昊天金闕玉皇大天尊玄穹高上帝	六	二十四	忠義仁勇關聖帝君
	十五	上元一品賜福天官紫微大帝	七	初一	太上先天道祖大洞至尊
		黃大仙三代仙親		十五	中元二品赦罪地官清虛大帝
二	初三	九天開化文昌帝君			黃大仙三代仙親
	十五	太上先天道祖大洞至尊		二十二	都天至富河寶星君
	十九	大慈大悲觀世音菩薩		二十四	城隍主宰正直尊神
	二十五	北方真武玄天大帝	八	初一	九天楊化金甲神君
					莊法師
四	初八	南無本師釋迦牟尼佛		十六	戰鬥勝佛齊天大聖
	十四	呂純陽開天贊化孚佑帝君		二十二	南無無上上燃燈聖佛
	十五	鍾大仙開天闡化正陽帝君		二十三	運元威顯普濟勸善赤松黃仙師
	十六	莊法師		二十七	大成至聖孔子先師
	十八	漢代良醫華陀先師	九	初九	啟教祖師明心聖佛
	二十八	壽世生民藥王大帝		十五	趙元帥寶誕
五	十三	關少帝武侯	十	十一	朝陽得道啟善菩薩
	十六	李道濟活佛一月		十五	下元三品解厄水宮洞陰大帝
					黃大仙三代仙親
六	初六	崆峒道人廣成大仙	三十		周大將軍寶誕
	十九	大慈大悲觀世音菩薩	十一	十九	大慈大悲觀世音菩薩

華松仙館除了崇祀黃大仙外，兼祀呂祖、濟佛和觀音。由於戰前啟壇的道侶與嗇色園有關，所以該館的壇台設計，也模仿嗇色園，如只供奉神佛的畫像，其中黃大仙的畫像，更是參照嗇色園所供奉者，以硃砂手繪而成。簽冊及仙方，也沿用嗇色園奉行的本子。至於祭祀神佛的誕期及儀式，本來也是蕭規曹隨，

但後來因遷就道侶，誕期大有增刪。科儀方面，更因二十多年前，受鼎湖山興雲寺法師的傳授，道服和儀式都變得趨近佛教。（華松仙館列聖寶誕誕期，參見表二。）不過扶箕活動就一直維持不變。從前的箕壇由張敬修道長主持，定期舉行。現在則由李行道長主壇，為了方便道侶及善信，改為不定期舉行。此外值得一提的是華松仙館除了有乾道（男眾）外，又兼納坤道（女眾），這是嗇色園所無，也是其他奉祀黃大仙的道壇少有的制度。

2. 元清閣道堂

另一間主祀黃大仙的道堂，是位於九龍呈祥道旁一小山坡上的「元清閣」。只要沿深水埗明愛醫院後面的小路向上走，跨過行人天橋，再沿山路拾級而上，經過左右兩間廟堂——奉祀土地神的「福德念佛社」和主祀觀音的「紫陽洞宮」，就可見到白牆綠瓦、黃旗飄拂的元清閣了。該道堂依山望海，綠蔭掩映，與竹園嗇色園廟外的車水馬龍和華松仙館地處旺角繁雜的鬧市，可謂大異其趣。

據該道堂的管事黃懷杰道長稱，元清閣始建於 1942 年。由於日佔時期，香港九龍許多地區都有日軍駐守，善信要往嗇色園參拜及開箕問事，諸多不便。於是由周亮星發起，並聯同黃伯雄、周振德、張雄三位潮州籍的商賈善信，自立道壇，以便同鄉參拜黃大仙及扶箕問事。當年農曆三月，由周亮星親往嗇色園「恭請」黃大仙出廟，到九龍城北帝街 23 號 2 樓設壇奉祀。所謂「恭請」，其實就是在嗇色園參拜黃大仙後，在拜庭的香爐內，取一撮香灰（又稱爐丹），以紅包盛載，置於新道壇的香爐內。由於爐丹代表「神位」，又代表「香火」，所以取香灰出廟，就代表了請得「神位」；以香灰置在香爐，也就代表了延續「香火」。同年農曆五月，他們接到黃大仙的箕示「聖誥」，賜道壇名為「駐憩亭」。「聖誥」內容是黃大仙因為他們入道未深，「爾曹對於此道尚在五里霧中，未窺真象」，而且「未有禮訓，是以未合為閣」，於是賜稱該壇為「駐憩亭」，「以備本師（黃大仙）乘興遊覽」。

由於組壇以後，不少潮州籍的善信相繼加入，原址不敷應用，遂於同年農

呈祥道元清閣山門

位於旺角鬧市的華松仙館

華松仙館神壇

曆八月，改遷九龍城聯合道 38 號 3 樓。據說在九月間，他們得到玉帝箕賜「天旨」，稱他們「善念可嘉」，所以「敕賜」駐憩亭為「元清閣」。後得黃大仙箕示，選定十月初十日為元清閣開光吉日，以黃伯雄為正閣長，周振德和張仲耕為副閣長，主理壇務。當年壇堂面積只有百餘呎，由於道侶們日間各有工作，所以崇拜及扶箕的活動，多在晚間進行，壇堂平日則閉戶緊閉。又該壇堂自立壇以來，由於無法得到黃大仙的畫像，所以只供奉黃大仙的神位。直至1947年，得黃大仙降箕，自畫肖像，方改奉黃大仙的畫像。

日佔時期，香港糧食短缺。而元清閣的閣長黃伯雄正經營白米生意，所以元清閣在他的支持下，在戰時可以施粥施飯，解救民眾的飢困。所以和平後，到元清閣參拜的善信日多。聯合道的道堂，已不足容納與日俱增的道侶。於是他們輾轉向政府買得現址，興建永久廟堂。新的廟宇於 1955 年落成。當年買地的費用，則由潮州籍人士陳創穆獨力支付。據說陳氏入道之初，患有皮膚病，久醫不癒，曾向黃大仙起誓：如果黃大仙治癒他的皮膚病，就捐地一萬呎，作為奉祀黃大仙之用。後來黃大仙果然「顯靈」，箕示藥方，令他康復，所以他就如誓買地。而元清閣早期的大部分經費，也是由他捐資的。

與嗇色園草創初期一樣，元清閣的經費全賴富人商賈捐助支持，如早期的黃伯雄、陳創穆。遷用現址以後的三年間，又得米商黃志強的大力襄助，元清閣才得以發展，漸有規模。1962 年元清閣向華人廟宇委員會註冊為慈善社團，以有限公司形式管理經營。七年前元清閣又對外「開放」，除潮州籍人士外，也接納非潮州籍善信參拜，據黃道長說現時元清閣的道侶會員已有一百四十多人，每月朔望或誕期，道侶善信聚集，人數少者數十，多者百餘。該道堂並計劃於中國潮州峽山，組織「元真閣」分壇，籌建計劃及資金，已經準備就緒，只待當地政府批出「批文」，即可施工。而元清閣現址，也計劃於數年後拆卸，以重建更有規模的廟宇。

元清閣目前的道堂不大。大堂內只供奉黃大仙，別無其他神佛。（元清閣的祀神誕期，見表三。）大堂左邊廂房是供奉祖先的「孝思堂」，右邊則是元清閣的扶箕房。該道堂自設壇以來，扶箕活動從未間斷，每逢初一、十五或誕

期，扶箕房都是善信向黃大仙問事求方的所在。時至今日，流傳於元清閣道侶及善信間，有關黃大仙「靈驗」的傳說，幾乎都與扶箕有關。據說日佔時期，黃大仙曾箕示元清閣的道侶留港發展，不要離去。果然留港的道侶都安然無恙，而有些經營米業者，更因此而發迹，所以許多潮州籍的商賈及善信，都對黃大仙深信不疑。管黃道長更不時可以隨口誦出有關黃大仙降箕的詩文，並作說明，現摘錄如下：

國事夏端時，炎炎過劫期，

四四三三日，人民安樂天。

（1945 年端午節，黃大仙箕示。註：日軍於當年投降，正好是農曆八月初六。）

表三　元清閣道堂壇期表

月	日	壇期	月	日	壇期
一	初七	首壇	七	十五	望壇
	十五	望壇	八	初一	朔壇
二	初一	朔壇		十五	望壇
	十五	望壇		二十三	黃大仙師寶誕
三	初一	朔壇		二十四	超渡法會及秋祭
	初二	春祭		至二十六	
	十五	望壇	九	初一	朔壇
四	初一	朔壇		十五	望壇
	十五	望壇	十	初一	朔壇
五	初一	朔壇		初十	開光紀念日
	十五	望壇		十五	望壇
六	初一	朔壇	十一	初一	朔壇
	十五	望壇		十五	望壇
	二十七	王章仙師寶誕	十二	初一	朔壇
七	初一	朔壇		十五	望壇
	十四	張禹仙師寶誕			酬神封沙吉日另行通告

元清閣道堂外貌

元清閣黃大仙祠主殿

元清閣扶箕房

生子願可酬，信者留且留，

不信去自去，去後又回留。

九九四十五，想取又非取，

無能米且去，主者便是主。

（1984 年中，黃大仙箕示。註：中國政府後來宣佈 1997 年後香港「五十年不變」。由 1984 年起，到 1997 年十三年，另加 50 成六十三年，暗合「九九四十五」總和 63 之數。「留」、「去」、「去後又回留」，暗示未來港人有留港、移民、移民回流三種情況。「米且去」，「米」指米字旗，暗示英國人一定會離開。）

赤子丹心血成河，

松濤悲風怎奈何，

祖庭暗淡無寧日，

師訓生等口莫多。

（1989 年 5 月，黃大仙箕示。註：黃道長以為這是當年黃大仙預示「六四」事件發生。）

此外，黃道長更出示閣藏有關黃大仙及其他仙佛箕示詩文的紀錄冊。與上述類似的詩文還有很多。扶箕活動可說是元清閣黃大仙信仰的靈魂所在。

3. 其他

香港嗇色園雖然上接廣東普濟和普慶壇的道統，歷史較為悠久，但誠如嗇色園董事梁福澤先生所言，奉祀黃大仙並非嗇色園的專利，任何人士都可以組織道壇，甚至在家中供奉黃大仙。事實上，在坊間那些專門售賣佛具神樓的店舖，都可以購得形形色色的黃大仙畫像或塑像。所以主祀或兼奉黃大仙的道堂或廟宇，相信還有不少。據筆者所知，除了上述道堂外，主祀黃大仙的道壇，在慈雲山也有一間，據說是嗇色園舊時的道友開設的。在西貢清水灣也有兩間：其中一間，據說是元清閣的道友、一位退休探長在 20 世紀 70 年代開設的；位

於清水灣上洋的，則是嗇色園在 1985 年開設的分壇，是嗇色園的下院。至於
兼奉黃大仙的廟宇，就有位於香港仔和廟街的天后廟，以及筲箕灣的譚公廟。

第六章

扶箕活動與黃大仙信仰

黃大仙信仰之所以能上承晉代浙江金華的二皇君信仰，下開流行於清末廣東，以至近代香港的局面，可以說都與扶箕活動有關。

1. 何謂「扶箕」？

扶箕，又作扶乩，也稱扶鸞，是一種古代的占卜術。扶箕始於何時，頗難稽考。據許地山《扶箕迷信底研究》，「扶箕」最早見於劉宋劉敬叔《異苑》卷五，內容如下：

> 世有紫姑神，古來相傳云是人家妾，為大婦所嫉，每以穢事相次役，正月十五日感激而死。故世人以其日作其形，夜於廁間或豬欄邊迎之。祝曰：「子胥（其夫之名）不在，曹姑（即其大婦）亦歸，小姑出戲。」捉者覺重，便是神來，奠設酒果，亦覺貌輝輝有色，即跳躞不住。能占眾事，卜未來蠶桑，又善射鈎。……

時人就在正月十五日，憑紫姑神偶像的跳躞，來占驗眾事。後來更以箸插在箕上，使人扶着已經神附的箕，令箸在沙盤上寫字。宋沈括《夢溪筆談》又記：

> 舊俗正月望夜迎廁神，謂之紫姑，亦不必正月，常時皆可召。

> 近歲迎紫姑仙者極多，大率多能文章。歌詩有極工者，予屢見之，多自稱蓬萊謫仙，醫卜無所不能，棋與國手為敵。

到了宋代，迎廁神紫姑已經成為風尚，迎神的日期又不限於正月十五日夜。降神的紫姑不但善於醫卜，而且工於詩文。根據宋蘇軾《子姑神記》，降神的「紫姑」似有多個，並不限於廁神紫姑。自宋以來，降箕的又不一定是「紫姑」，「山人」、「道人」、「居士」、「仙子」，乃至歷代名人都可以降神。由於「懸箕扶鸞召仙，往往皆古名人高士來格，所作詩文間有絕佳者」（見元陶宗儀《南村輟耕錄》），於是不少讀書人，也參與扶箕活動。原來是民間迎請廁神、卜

問鬮桑的風俗，已變為文人閒暇，比鬥詩文，卜問功名的玩意。扶箕活動的流行，士子文人的參與乃其中關鍵。文人扶箕大概起於宋朝，到明清科舉時代最為流行，幾乎每府每縣的城市裏都有箕壇。而今日的香港，也有不少箕壇，定期或不定期舉行扶箕活動。

扶箕的箕壇可以設在祠廟裏，甚至設在家中，降箕的神靈有時是固定的，有時則在神降之後，由神靈自道身世。據說歷來降神的，除了佛、道的大神外，也有儒家的賢哲，更不乏歷代的烈士忠臣和閨閣婦女。這些箕仙除了能預告事情，示人醫藥外，更能與人詩文酬唱、宣教說理。

至於扶箕的形式，不外兩種。一種屬「單人箕」，即是只由一人扶着以柳枝或桃木製成的「丁」字形的箕筆（又稱鸞筆），隨着箕筆的移動，在沙盆上畫字。沙上的箕字多屬草書，要由箕手（又稱主鸞，即扶箕筆者）或在旁看字的「判讀生」宣讀，再由「紀錄生」筆錄在箕冊（又稱鸞冊）內。在停箕之後，作箕手的必須翻看箕冊，以確定箕文正確無訛，方由「紀錄生」繕寫，交予叩問的人。另一種為「雙人箕」，即由二人扶筆，在左方扶筆的稱「左鸞司」，是主鸞；在右方扶筆的稱「右鸞司」，是副鸞。雙人箕所用的箕筆比較粗大，作「丫」形，而木盆不置沙，箕字則直接畫在盆上。至於扶箕的方法及步驟與單人箕同，不過判讀生則往往由右鸞司兼任。據說主鸞的位置並不是一般人可以勝任的，任箕手的必須具有「通靈」的能力。而擔任判讀和紀錄的，又必須經過「訓練」，具備豐富的經驗才可以勝任。奉祀黃大仙的廣東普濟壇和普慶壇，香港嗇色園和華松仙館，均用「單人箕」法，而元清閣則用「雙人箕」法。

2. 扶箕活動與黃大仙信仰的歷史

由來已久的扶箕活動，在黃大仙信仰中，擔當着十分重要的角色。由信仰的引生、形成，以至發展成即近百年的歷史，扶箕活動都佔着主導的地位。

黃初平本來是浙江金華的神祇，在 1897 年，據說是奉玉帝的「聖旨」，

下凡佈教，在廣東番禺一群讀書人扶鸞的活動中降神顯靈，不但告以姓名，自道身世，更勸人以善，示方濟世。由於「醫道尤神」，引來不少信眾，「赤松黃大仙」之名，因而顯揚，黃初平遂變為廣東神祇，黃大仙信仰也由此而生。不少信眾除了奉之為神外，更奉之為師，並設道壇崇祀。他們通過扶箕，將道壇改名「普濟」，並訂立壇規十則，從此收納弟子，賜以道名。《驚迷夢》四集，記錄了有關黃大仙於 1898 年收納弟子的箕文：

> 吾此壇初入者，以「生」字為派，再有積德，方賜「善」名，此
> 所以徵其工夫進退也。

　　據《驚迷夢》所載黃大仙對眾弟子的多次訓語中，可知普濟壇的道侶，道號是按「生善悟道」，派分輩份的。黃大仙又為道壇箕示「普濟勸善」的宗旨，為道侶門生箕示「孝、弟、忠、仁、義、廉、恥、禮、節、信」十訓（詳見《赤松大仙寶誥》）。隨着奉祀黃大仙的道侶和善信日多，道壇的宗旨和組織大定，黃大仙信仰也告形成。

　　由於黃大仙頻頻降箕，而且隨問即答，屢屢應驗，加上當時廣東一帶疫病蔓延，求醫問方的善信就越來越多。本來屬流行於一小撮道侶之間的黃大仙信仰，也就迅速傳播。在短短四年間，就有兩間崇祀黃大仙的祠廟先後在廣東花埭和西樵落成。據說這些祠廟，凡擇地、立向、設規，以至擬聯，都由黃大仙箕示。後來因為廣東局勢不穩，黃大仙又箕示「此地不宜久留」，指示徒眾南下設壇，於是黃大仙信仰又傳至香港。嗇色園由擇地建祠到穩定發展，都是黃大仙箕示策劃和降神顯靈所致。隨着時代進步，黃大仙又為嗇色園道壇，在1934 年農曆六月初三日，箕示了更有系統的規章（詳見〈赤松黃大仙師乩訓規章〉，文載《香港碑銘彙編》第三冊）。至於相傳由黃大仙降箕垂示的「靈箋」和「藥箋」，除了一直為奉祀黃大仙的道壇祠廟沿用外，到了香港更成了「普及讀物」。《古本註解黃大仙靈箋》和《黃大仙良方》，都可以在坊間以極廉宜的價錢購買得到。善信們不限時地，也可以借助箋詩和藥方，得到黃大仙的「指點」和「診治」，據說還十分靈驗，可謂「有求必應」。黃大仙能於短短的數十年間，由寂寂無聞的、私人供奉的神仙，一躍而為香港社會主要神祇之

「丁」字形箕筆及沙盆，「單人箕」用（攝於華松仙館）。

「丫」形箕筆及箕盆，「雙人箕」用（攝於元清閣）。

列聖列仙降箕寫字用的大小箕筆（攝於元清閣）

一，甚至名揚海外，回歸故里，實與扶箕活動有直接或間接的關係。

　　嗇色園雖然於 20 世紀 70 年代初期，終止了扶箕活動，但其他的道壇，如華松仙館、元清閣，都仍然保留這個傳統。又黃大仙在扶箕中降神，實不限於主祀他的道壇或祠廟。如黃大仙也曾於供奉呂祖的六合玄宮的箕壇（位於大嶼山梅窩）降箕，除了箕示〈醒世真經〉，還箕示了一篇與〈黃大仙自序〉內容相似的〈黃大仙翁史迹〉。有關黃大仙的扶箕活動，隨着黃大仙信仰的發展傳揚，在香港仍然歷久不衰。

第七章

黃大仙畫像與香港黃大仙廟宇

香港黃大仙信仰最大的特色，莫過於主祀黃大仙的祠廟及道壇都沒有供奉黃大仙泥塑或木雕的神像，取而代之的卻是簡單的、平面的畫像。這固然與一般供奉道教神祇的廟堂不同，也與香港以外的地區供奉黃大仙的廟堂有異。黃大仙信仰在近代發軔於中國廣東，據說三間主祀黃大仙的祠廟，都供奉黃大仙泥塑金身的神像。自黃大仙信仰在香港大盛，並流播海外，甚至重返中國以來，所有新建的祠廟，都是供奉黃大仙的塑像。所以供奉黃大仙畫像不但是香港黃大仙廟堂的特點，更可說是香港黃大仙信仰的一大特色。

1. 嗇色園黃大仙畫像

開創供奉黃大仙畫像傳統的人，是香港黃大仙信仰的奠基者，也是嗇色園的創建人之一的梁仁菴道長。當時由於廣東政局不穩，水火二災為患，梁氏遂與兒子攜同黃大仙畫像來香港另謀發展。梁氏避亂南來，為求方便，捨塑像而帶畫像，是自然不過的。在香港設壇之初，因陋就簡，只供奉黃大仙的畫像，也是可以理解的。但這種在非常時期的折衷做法，卻成了香港黃大仙廟堂建設的一種不名文的傳統。就連嗇色園內的其他神聖，都一律沿用畫像。至於其他與嗇色園無涉的壇堂，也一樣仿效沿用。黃大仙的畫像，目前可見的式樣，約有四種，現分述如下：

第一種見於嗇色園大殿神壇內，就是當年梁仁菴父子由西樵帶來的。畫像中黃大仙盤膝坐在蒲團之上，頭戴道冠，身穿道袍，右手執杖，左手除中指外，其餘手指微屈。身旁有松樹一株，樹上有仙鶴數隻，還襯以瑞雲白日。地上有山羊四五、石塊兩三。畫面雖然簡單，但已具體表現了「赤松黃大仙」的外號和「叱石成羊」的傳說。不過在嗇色園飛鸞台內，也供奉着同一式樣的畫像。為甚麼當年梁仁菴攜來的畫像，會鬧了雙胞？原來當年梁仁菴父子攜來的，除了一幅黃大仙的畫像外，還帶來了印製該畫像的木刻版。那尺寸相同、款式一樣的畫像，就是由這塊木刻版，以硃砂色印製出來的。

這塊現藏於嗇色園內的木刻版，製作的確實年月已不可考，不過刻版所據的圖像，應是於 1898 年間在花埭普濟壇繪成的。據說當時是得到鍾大仙（八

仙之一的鍾離權）箕示，由道侶們繪製的。《驚迷夢》二集，記錄了當年農曆二月二十四日鍾大仙對黃大仙形貌描述的箕文：

> 各生知赤松大仙形容否？生等欲繪圖，俺試言之。頭上總角兩分，顧朝，眉長秀，目清潤，鼻貫天中，井灶圓，唇紅，鬚黑不甚長，耳長，身穿黑服青帶，可繪大服。仍要繪叱石成羊全圖。此像可於《驚迷夢》書首篇，每套一像，刻四十九套。

這幅在鍾大仙箕示下繪製的圖像，似乎也得到了黃大仙的「認同」和「讚賞」。《驚迷夢》四集，也記錄了同年農曆十一月初九日黃大仙對該圖像評價的箕文：

> 呵呵呵，此是誰何？待吾細看，原來我麼。傳神寫照，所錯無多。座位頗好，布置婆娑。壽如松鶴，景若大雁。（箕文下有「是夕新繪一叱石成仙像奉祀」的註語）

當時第一間奉祀黃大仙的廟宇還未落成，道侶們也無從想像他們信奉的神祇和仙師的形象，所以這於1898農曆十一月初九日新繪的「叱石成仙像」，很快便為當時道侶奉祀的對象。那塊木刻圖版，相信也是在道侶們「人手一像」的要求下，應運而生的。筆者相信嗇色園大殿內供奉的黃大仙畫像和該圖像的木刻藏版，已經有接近一百年的歷史了。至於該圖像是否在《驚迷夢》書成時已置於篇首，已經無從查證。不過嗇色園於1963年出版的《三教明宗》（有關三教仙佛降箕的箕文彙編），就將該圖像置於篇首，似乎也是仿效傳統的一種做法。

2. 元清閣黃大仙「自畫」像

第二種畫像可見於元清閣的神殿內。據管事黃懷杰道長憶述，該畫像是在1947年間一次扶箕活動中，由黃大仙降箕，以桃木的炭枝為箕筆，假箕手畫出輪廓，再由道侶設色而成的，所以可說是黃大仙的「自畫像」。與嗇色園供奉

的圖像相比，這幅「自畫像」顏色鮮明，像西洋水彩畫。畫面較簡單，只有黃大仙的半身像。他手執塵拂，作道士打扮，表情生動有趣。黃道長以為該畫像最特別的地方，在於神像的眼睛特別炯炯有神。當年因為不滿該畫像的設色，曾多次請人以水墨重繪，但怎樣也畫不出那雙眼睛的神采。近年元清閣的道侶又據這「自畫像」，遠赴廣東石灣僱人塑製了或企立，或打坐的黃大仙神像。據黃道長說元清閣還計劃大量塑造，以備日後籌建新廟，贈予捐資之道侶和善信，作為紀念。不過，無論「自畫像」或塑像，都可以說是只此一家，除元清閣外，其他地方難得一見。

3. 坊間流行的黃大仙畫像

相對於上述兩種畫像，第三種就最為普遍，在坊間隨時都可以看見。通常是畫在紙上，作為《黃大仙靈簽》的封面，或畫在玻璃上，成為善信供奉的神像。這些畫像，或因繪畫的人不同，畫工精粗有別，但黃大仙的形貌都大同小異。畫中的黃大仙都是唇紅鬚黑，頭戴道冠，身穿藍色道袍，盤膝坐在蒲團上。右手執塵拂，左手大姆指及食指豎起，作「八」字形，其餘三指屈曲。畫像的右上方，又繪有松樹一株。這款畫像較為寫實。至於它的來歷已不可考，不過畫像的神仙形貌，倒與上文鍾大仙的描述，有幾分相似，似乎也有所本。相信此畫像最早只用作簽冊的封面，在香港坊間，已經有數十年歷史。現在香港一些售賣神仙畫像的店舖，可以輕易買到的黃大仙畫像或塑像，相信也是以此為藍本，而海外或國內的廟宇所供奉的黃大仙神像，大抵都脫胎於此。

4. 新繪的黃大仙畫像

最後一種畫像，是金華縣一位姓凌的畫師，在近年繪畫而成的。畫中的黃大仙作道士打扮，右手執着塵拂，左手輕掐長鬚，衣袂飄搖，舉止閒逸。畫中又配以蒼松和小羊數頭。不過這種畫像也不常見，筆者是從 1994 年印行的《赤松黃大仙醒世經》善書內看到的。這畫像是獨立印行的，可於華松仙館和元清閣內免費取得。

嗇色園赤松黃仙祠的黃大仙畫像
（載《三教明宗》）

元清閣正殿的黃大仙自畫像

坊間流行的黃大仙畫像

山邊路旁供奉的黃大仙畫像

黃大仙畫像，攝於筲箕灣譚公廟

近年新繪的黃大仙畫像（載《赤松黃大仙
醒世經》）

1991 年重建金華觀內的黃大仙塑像（黃懷杰先生提供）

第八章

普濟勸善與黃大仙信仰核心

1.「有求必應」與「普濟勸善」

黃大仙之所以能深受善信的崇祀，據說是因為他能「有求必應」，但事實並非如此，黃大仙也會「有求不應」的。據《驚迷夢》三集，悟虛道者的序文，對黃大仙的「應」與「不應」，有以下的說明：

> 問事者日環其門，莫不有求皆應……而自示方救疾，以至憂疑悔吝外，如屬功名富貴，總總冀倖之事，概有所不告，其所不告者，隱以杜斯人之妄念。

《驚迷夢》四集，遵善子的序，也有相類的說法：

> 凡求乩者，其應如響，而禱藥者，莫不共慶更生。獨於功名富貴之得失，與非分之求，概置不論，其救世之意深矣。

連今日仍然開設箕壇的元清閣，也一再強調，欲求富貴顯達，黃大仙是「有求不應」的。原來黃大仙的「有求必應」，必須符合「普濟勸善」的原則。黃大仙信仰一如很多民間的信仰，素來都沒有標榜高深的哲理，只以「普濟勸善」為鵠的。據《驚迷夢》記載，「普濟勸善」四字，乃玉皇大帝於 1898 年農曆元月十三日，向普濟壇箕示的。自是廣東普慶和普化兩壇，香港普宜壇嗇色園，以至各大小主祀黃大仙的道壇，都奉「普濟勸善」為宗旨。

2. 普濟廣施的傳統

廣州的普濟壇，顧名思義，就是為「普濟」而設。《驚迷夢》初集記錄了當時道侶，於 1897 年農曆十月初六日向黃大仙稟改壇名，黃大仙箕賜壇名的詩文：

普救群生理本然，

濟人危急是神仙，

壇開亦為行方便，

臺畔諸生志貴堅。

　　黃大仙又箕示了「普渡眾生登彼岸，濟施時疫設斯壇」的聯語。在濟施時疫、救人急難的前提下，普濟壇就在創壇的幾個月後，開展了施藥的善舉。是項善舉，很快又擴展為贈醫送藥，成為主祀黃大仙祠廟壇堂的傳統事業。廣東普濟、普慶和普化三壇，先後建立的祠廟，均設醫藥局，提供贈醫施藥的服務。梁仁菴攜黃大仙畫像來港設壇，也在壇外贈診送藥。嗇色園創建不久，又於1924年設立藥局，更聘請中醫師駐局，為有需要的人贈診送藥。嗇色園道侶對是項傳統善業，十分重視。據嗇色園於1933年訂立的園規，當時道侶除了必須繳納壇費50元、年費60元外，還須繳交「助施藥費」50元。香港淪陷期間，藥局雖然被迫解散，但二、三道侶卻私人解囊，繼續施藥。嗇色園的藥局，在道侶勉力支持下，於1943年在園內復開，在艱苦的日子裏，施藥予貧苦大眾。自1956年嗇色園全面開放後，就更積極擴展贈醫施藥的事業。為配合社會的進步，適應大眾的需求，更斥鉅資興建中西醫藥局。該藥局於1980年落成，樓上一層為中醫局，提供中醫贈診服務，免費派送仙方劑藥。樓下全層為西醫診所，廉收掛號費，提供西醫診療、注射及配藥服務。同年更成立「嗇色園醫藥基金會」，接受各界人士捐輸，使贈醫施藥的事業發展得更多元化和日益完善。至於其他奉祀黃大仙的道堂，贈醫施藥的規模當然不能與嗇色園相比，但據筆者所知，部分道堂仍然恪守這個宗旨，勉力而為。贈醫施藥這個傳統，已經成為了黃大仙信仰的一大特色了。

　　其實除了贈醫施藥之外，奉祀黃大仙的道堂祠廟，也有參與及發展其他慈善工作。元清閣在日佔時期，曾施粥施飯，惠及貧困。嗇色園自20世紀50年代以來，即為本港各大小風災、火災及水災，捐資賑濟災民，其他如匿名送錢、施棺助殮、贈送棉衣、設獎助學金、捐贈兒童病床和醫療設施等，更不計其數。70年代末期，嗇色園又積極參與社會服務，更特別擴展老人服務。目前嗇色園轄下的慈善機構，除了兩間幼兒園外，還有老人宿舍、安老院、老人康樂中心

及社區服務中心等，共十二間之多。自全面開放以來，嗇色園各項慈善捐款不斷增加，直追贈送醫藥的捐款數字。今日的嗇色園，已儼然一間頗有規模的慈善團體。黃大仙「普濟」的精神，可以說得到充分發揮。

3. 勸人以善的宗旨

相對贈醫施藥的「普濟」工作，黃大仙及其信眾，似乎更重視「勸善」的推廣。《驚迷夢》三集，悟虛道者的序文，有以下的說法：

> 師（黃大仙）之以藥起人病之不死者，功在一時；以是書救人心之不死者，功在萬世。

嗇色園於 1991 年重刊《醒世要言》，序文中也強調「勸善」的重要：

> 初仙師（黃大仙）設壇於省城花地，繼而西樵稔崗，以醫藥顯。凡疾病痛苦之事，求之靡不應，四方人士，爭膜拜之。雖然，以醫活人者其功小，以善勸世者其功大。……

黃大仙信仰出現的初期，正是疫病在廣東肆虐的時候。黃大仙對當時疫症流行的原因，有以下的說明，文見《驚迷夢》二集，1898 年農曆二月十五日的箕文記錄：

> ……且疫氣流行，萬民之劫運也。只因近日人心不古，每作奸詐淫邪，至干天怒，故命疫神下界，以誡此等人。

至於救治的方法，「以醫藥顯」的黃大仙，在 1898 年農曆閏三月初六日，有以下的箕示：

> 近日治疫方刊太多，無一不能治，亦無一能治。吾之方，只一善字可治矣。

嗇色園醫藥局，1980年落成。

候取「仙方」劑藥的善信（攝於嗇色園中醫藥局）

《驚迷夢》、《醒世要言》及《三教明宗》勸善書

《赤松黃大仙醒世經》勸善書

《三教經訓科教材》，嗇色園轄下中學宗教倫理
科教本。

當時道侶都深信疫病的流行，是因為人作奸犯科，觸怒上天所致。解救的徹底方法，就是奉行眾善。黃大仙也自道降箕的原因，旨在勸世。相類的詩文，曾多次出現在《驚迷夢》中。其中二集，1898年農曆元月十三日的箕文是這樣的：

> ……慨世道之沉淪兮難以回生，自俯首而自思兮惟為善之可轉。幸爾等之設壇兮意猶可興，爰扶鸞而降筆兮望之闡化，挽頹風之將墜兮迷夢頻驚，顧世人而嗟嘆兮何沉醉而未醒。

「勸善」是黃大仙「顯靈」的最終目的，印行善書就成為了當時道侶的首要任務。

第一種勸善之書是《驚迷夢》。由廣州花埭普濟壇的道侶於1899年刊印。全書共有四集，彙收了1897至1899年間，黃大仙及列聖列仙降箕開示的詩文，除了訓勉道侶及列仙唱酬二類外，大部分都是黃大仙及列聖列仙勸世的苦口箴規。如黃大仙箕示的〈戒賭文〉、〈處世論〉、〈勸孝文〉、〈改惡從善說〉及〈立禮論〉等。是書先後於1924及1991年，由嗇色園重印。

第二種勸善之書是《醒世要言》，乃西樵稔崗普慶壇道侶於1906年刊印。全書共分三集，彙編了1903年農曆四月初五日至五月十五日，黃大仙及列位仙聖箕示的詩文。與《驚迷夢》相比，內容更集中於綱紀倫常的說教。降箕的除黃大仙外，又有三教聖神：姜太公、曾參、包拯、關帝、如來佛祖、大慈悲菩薩、呂祖、八仙等。其中黃大仙箕示的，有〈戒酒文〉、〈戒洋煙文〉、〈慈父文〉、〈兄友文〉、〈事師文〉、〈懷刑法文〉、〈存仁文〉、〈敦行文〉等。該書於1991年由嗇色園重印。

嗇色園繼嗣了普濟和普慶壇的傳統，也曾刊印善書，於1963年刊行《三教明宗》。是書將儒釋道三教神聖：范仲淹、陶淵明、諸葛亮、莊子、觀音、文殊菩薩、彌勒佛、阿彌陀佛，以及黃大仙、呂祖、老子、張三豐等箕示的文章，彙集成編。全書分三部分，分述儒釋道三教義理。據黃大仙於1960年的序文，是書目的在闡明三教同源的道理。

這三種善書都是鸞書，可惜流通量不廣，除嗇色園道侶及其友好外，一般人難得一見。

近年在華松仙館、元清閣、以及主祀呂祖的六合玄宮、六合聖室和信善三壇等道壇，卻有黃大仙勸善的鸞書流通，而且免費贈閱。筆者所見的，有《黃赤松大僊真經》和《赤松黃大仙醒世經》，都是由善信樂助倡印。前者於 1993 年印行，主要內容包括勸人積善修德的〈黃大仙真經〉和詳論「孝、弟、忠、仁、義、廉、恥、禮、節、信」十訓的〈赤松大仙寶誥〉。據說都是普濟壇初設期間，由黃大仙降箕垂示的。後者於 1994 年刊行，內容主要有〈黃大仙翁史迹〉和〈赤松黃大仙翁醒世經〉，據說都是黃大仙在 1993 至 1994 年間，於六合玄宮降箕的箕文。

嗇色園除了在 1991 年為創建七十周年紀慶，重印《驚迷夢》和《醒世要言》外，自 20 世紀 60 年代中期以後，就沒有刊印其他有關黃大仙的勸世善書。但嗇色園並沒有忽略「勸善」這個重任，相反卻藉興學育才，使勸善的工作，不僅停留在言文上，還融入社會，播揚道德文化。自 1968 年創辦了可立中學後，嗇色園不斷增建學校。時至今日，其轄下的學校，總數已達十二間：中學五間、小學四間和幼稚園三間。此外，嗇色園又於 1994 年，在大帽山興建康體文教並重的可觀郊野學習中心暨天文館，提供先進天文儀器予學生學習使用。

嗇色園屬下的學校，均以「普濟勸善」為校訓。70 年代初期，嗇色園因為「懼夫青年學子，崇拜物質享樂，囿於物慾與私利，而忘其精神生活及正義與公益」（〈三教經訓序〉），於是又編纂《三教經訓》，在中學課程內，增設「經訓」科，讓學生認識三教要義，增強品格的培育。《三教經訓》已於 1995 年改編成《三教經訓科教材》，教材多兼用較生活化的例子，闡析三教義理，深入淺出，使學生更易理解和接受。

由於黃大仙的徒眾。一直以來均致力將「普濟勸善」的宗旨見諸行動，令行動與信仰融為一體，「普濟勸善」已經成為了黃大仙信仰的核心。

第九章

靈丹妙藥與黃大仙藥籤

黃大仙於清末在廣東迅速冒起，在短短的兩年間就得享祀專祠，相傳是因為他能夠箕傳妙藥，醫療痼疾。《驚迷夢》書中也多次提及有關黃大仙施藥的奇妙「聖迹」。扶箕作業本來就頗費時間，要治療頑疾，更非一服藥方可以奏效。梁鈞轉道長當年患上怪病，黃大仙為他治療的過程就頗為繁複。據梁氏家藏的《乩示部（簿）》記錄：黃大仙先請來東嶽大帝、呂祖、齊天大聖、華陀等神聖為梁氏延生保壽，然後要他飲用咒水丹藥，佩戴靈符，還要「瘟差」為他驅鬼，最後才開出藥方外敷。由此可以想像，即使普濟箕壇開箕是如何頻密，也絕不能應付向黃大仙求方的善信。不過有求必應的黃大仙，卻藉一套藥籤，解決了這個難題。善信不必扶箕，改用求籤的方法，就可間接得到黃大仙示方。據說這套藥籤，頗具神力，只要誠心祈求，可以治療百病，深得善信的信賴，沿用至今。

1. 何謂「藥籤」？

所謂藥籤，即記載了藥物名稱、用量及適應症狀的籤。藥籤的來源，很難考究，在《道藏》中，也沒有關於藥籤的文獻記錄。不過一般相信，藥籤的由來，與道教的符籙派有密切關係，是植根於民間信仰的一種民間療法。時至今日，這種民間療法在東南亞一帶，仍然十分普遍。

至於求取藥籤的方法，一般是由病者或病者家屬，攜同祀神的香燭果品，到寺廟宮觀求取。在燃點香燭，向神明膜拜祈禱後，再搖動籤筒內盛有以竹片削成的籤枝，待其中一枝籤完全凸出或落地，再須「擲筊」，以確定神意。待擲出「聖筊」後，才可按籤枝上刻寫的號碼，對取同號的藥方，到藥店配藥。

「筊」又稱「杯珓」或「盃珓」，是一種由硬木製成，呈新月形的占卜工具，平坦的一面為「陰面」，隆起的一面為「陽面」，每兩個為一組。「擲筊」，又稱「擲盃」或「卜杯」。卜杯時，首先向神明下跪，合起一對杯筊，向神明禱告後，再高舉筊盃由額上向下拋。杯筊落地後，如果筊示為一陰一陽，即稱「聖筊」或「聖杯」，表示神明同意或允諾所求。遇有重大事情或某些特別祭

典，往往需要連得三聖筊，才表示可行。如果兩個杯筊都是陽面，即稱「笑筊」，表示神明未置可否，吉凶未卜，必須再向神明請示。相反兩杯筊都呈陰面，則稱「怒筊」，表示神明發怒反對，而且凶多吉少。如果連續出現「怒筊」或「笑筊」，最好另擇吉日，再向神明祈求。不過一般善信，通常都會一再擲筊，不會放棄，直至出現聖筊為止。

藥簽的種類繁多，日人酒井忠夫、今井宇三郎和吉元昭治合編的《中國の靈籤‧藥籤集成》，就搜集了不少現存，而且流行東南亞地區的藥簽。其中有中國北京南崗子天仙娘娘廟藥簽、台灣台南興濟宮保生大帝藥簽、新加坡天福宮藥簽、日本東京的呂洞賓真人神方占，以及香港的呂祖藥簽、黃大仙藥簽等。據說這些藥簽，部分是由神明通過扶箕活動箕示的，如「呂祖藥簽」；部分則由名醫集合研究、對症下藥，依次編寫藥名和份量，再向神明請示而集成的，如台灣慈濟宮的「保生大帝藥簽」。「黃大仙藥簽」就屬於前一種，在坊間頗為流行，陳湘記書局輯之成冊，由澳門大眾印務書局印行，題名《黃大仙良方》，到處有售。

2. 黃大仙藥簽的來歷與內容

至於《黃大仙良方》的來源，據《驚迷夢》四集，1899 年農曆八月初六日的記載，黃大仙因要向玉帝繳旨，向普濟壇道侶暫時話別，有詩如下：

吾今師弟罄哀情，降筆臨壇救眾生。

書與藥方功已滿，乘風跨鶴轉蓬瀛。

詩中提及的「藥方」，應該就是指這一整套藥簽。又詩中有「書與藥方功已滿」句，則整套藥簽的完成時間，很可能就是 1899 年。據梁根澤道長指出，目前嗇色園所用藥簽，乃沿用古本，未加修改，而所謂「古本」，相信就是箕詩所指的「藥方」。

順序	廟名	採取年月	大人科（男科）	小兒科（幼科）	眼科	外科	婦科（產婦人科）	藥籤合計	備考
A	台灣台南縣 慈濟宮（保生大帝籤）	1957 年 4 月	120					120	
B	台灣台南縣 南鯤鯓廟代天府（五府千歲籤）	1956 年 5 月	120	60	91			271	
C	台灣台南縣 保生宮（永康保生大帝籤）	1958 年 8 月	120					120	
D	台灣台南縣 觀音亭	1958 年 8 月	64					64	乾丈 7 坤各 8 種
E	台灣台南縣 真護宮	1958 年 8 月	64					64	同上
F	台灣台南縣 開靈宮（樹德尊王籤）	1958 年 8 月	118					118	
G	台灣台南市 山西宮（關聖帝君籤）	1958 年 1 月	120	60	83			263	
H	台灣台南市 興濟宮	1958 年 1 月	112	60	90	60		322	
I	台灣高雄市 五塊厝武廟（文衡聖帝籤）	1958 年 8 月	98					98	
J	台灣苗栗縣 朝天宮	1955 年 11 月	120	60	84			264	
K	台灣苗栗縣 慈裕宮	1956 年 5 月	101					101	
L	台灣台北市 保安宮	1957 年 5 月	120	36				156	
M	香港 黃大仙 黃大仙仙方	1961 年 5 月	100	100	100	100	100	500	一冊本
N	香港 呂祖仙方	1961 年 5 月	100	100	53	100	100	453	同上
O	新加坡 天福宮（傳祖籤）	1960 年 12 月	120	59		36		215	
P	博濟仙方（度人仙方、呂帝仙方）	1956 年 7 月	100	100	53	100	100	453	一冊本
總計			1697	635	554	396	300	3582	

轉引吉元昭治著、陳昱審訂：《台灣寺廟藥籤研究》（台北：武陵出版社，1990 年）。

黃大仙靈簽

《黃大仙良方》——黃大仙藥簽彙編

卜杯用的「杯笅」

日人吉元昭治搜集了十六種藥籤，其中以《呂祖仙方》和《黃大仙良方》的涵蓋面最廣：分男科、婦科、兒科、外科、眼科五類。《黃大仙良方》的數量更為十六種之冠，每科各有藥籤 100 條，共數 500。

　　《黃大仙良方》部分藥籤只有籤詩，沒有示方。這類籤詩，或譴責求方者平日多行不善，或求籤時誠信不足，必須誠心悔改或祈福行善，才可以逢凶化吉。這類勸人從善積福的籤詩，當然也見於有處方的藥籤上。藥籤的藥方，有藥療方，也有食療方。藥籤的部分內容富有符咒性質：如命求方者焚化或佩戴靈符；念經持咒或向神明祈禱作福；服食爐灰淨水；懸掛桃木劍和艾葉旗；甚至取藥和服藥都需要按照方位和時辰等。這些藥籤的數量和分佈的情況，可參見下表：

內容 類別	有處方藥籤		沒有處方藥籤	藥籤合計數量
	單純處方籤	含符咒性處方籤		
男科	81	7	12	100
婦科	83	5	12	100
幼科	88	6	6	100
眼科	90	4	6	100
外科	87	6	7	100
	429	28	43	500

3. 黃大仙藥籤的效用

　　用藥籤求方治病是一種古老的民間療法，《黃大仙良方》的性質與此並無兩樣。從籤詩的內容，可以看到「積善修福」、「澤被子孫」那種深入民間的倫理思想及果報思想。從含有多種符咒性質的藥方中，又可進一步了解古代民間療法的面貌。這些據說是由神意開示的藥籤，近年已經引起學者的注意，加以搜集及研究。但大部分都集中於宗教信仰層面，而研究者未必都熟悉醫理及藥性，所以對這些藥籤的療效作用，仍然缺乏深入的探索。

　　藥籤在醫藥不發達的古代社會，成為人們療病的重要方法之一，自然不足

為奇。但時至今日，有接近百年歷史的《黃大仙良方》，卻仍然流行於香港民間。據嗇色園醫藥局的統計，近年施贈仙方的藥劑，平均每日仍高達350劑。單向黃大仙問方而不領藥的，數目更加難以估計。在科技發達的文明社會，向神明求方問病，難免被視作迷信。但從上述驚人的數字看來，這些藥簽一定有其療效作用，否則決不會到今天仍有人信賴。可是，這些藥簽當然不可能醫療百病，更無可能起死回生。黃大仙箕文也有以下說明：

> 惟問病之事，不是示藥必得全愈（痊癒），倘得全愈，則天下無死人之理也。吾居仁慈之心，故問病必答，以安人心，免至徬徨號泣而已。（見《驚迷夢》初集，十一月初八日箕文記錄）

有關黃大仙藥簽靈驗的種種奇異傳聞，相信必定滲雜了不少人為的創造，這是民間信仰的特點，並不稀奇。但撇開未曾作系統研究的藥效而言，單就其可以安定人心，「免至徬徨號泣」，已不失為一服良方妙藥。況且這些藥簽也廣播行善積德的道德思想，也可視作善書的一種，在醫藥與教育俱不普及的時代，頗具時代意義和社會價值。

還有值得一提的，就是這類藥簽所開示的藥名，部分至今已很難斷定是何種藥物。據吉元昭治的研究，藥簽內藥物同種異名、同音異字的情況，十分普遍。所以配售這類藥方的藥店，也講究歷史和經驗。據華松仙館李行道長透露，凡遇有善信在仙方配藥時出現問題，他都建議善信逕往嗇色園求助，甚或免費領藥。嗇色園醫藥局歷史悠久，是黃大仙藥簽藥品配發的權威，由此可見。

以下為五張藥簽，由右至左、自上而下排列。

（上排右）

黃大仙良方

婦科第三十七方

莫言咒罵作平常　咒罵多為自己當

勸爾洗心須悔過　免他家宅遇災殃

下壇作福　明日再求

（上排中）

黃大仙良方

男科第四十四方

四四欵成八

家宅有凶煞

賜爾一靈符

厭煞虛前道

八日迅同景前雙化

即午時畫化

（上排左）

黃大仙良方

男科第四方

東方取柳　西方取桃

南方竹葉　北方蒲符　即午時畫化

先將柳桃竹三味煎水後

將午時晝化在盅內飲之

含符咒性的藥簽示例

（下排左）

黃大仙良方

幼科第四十四方

子孫有病　何用担憂

積善多蔭　去病根由

白桂目頭　白菊花或白頭翁天

黃蠶　黃蕗　黃皮葉結合金屬飲

（下排右）

黃大仙良方

外科第六十五方

住宅有犯凶煞

人口難得安然

吾亦難以為主

爾修爾德為先

無方

勸人積善修德的藥簽示例

121

第十章

有求必應與黃大仙靈簽

黃大仙的靈驗，除了表現在「屢奏奇效」的藥簽上，還見諸 100 枚「運簽」——「黃大仙靈簽」內。時至今日，與「黃大仙藥簽」相較，這 100 枚運簽，似乎更得善信的歡心。一冊號稱解簽可以「不求人」、名為《古本註解黃大仙靈簽》的解簽書，在坊間十分通行。1984 年，該解簽書更被翻譯成英文（Francis Sham tr., S.T. Cheung ed., *Predictions of Wong Tai Sin*, Board of Directors, The Tung Wah Group of Hospitals, Hong Kong, 1984）。由此可知「黃大仙靈簽」應用之普及和流傳之廣遠。

1. 何謂「運簽」？

　　所謂「運簽」，即指由神明指示，可以斷定運數，預卜吉凶禍福的簽，也是別於「藥簽」的一種稱呼。一般民間祠廟，大都備有相類的運簽，供善信求神問卜。不同的運簽，數量也不一定相同：少則 36 枚，多則百餘枚。大部分運簽，主要內容都有七言四句的簽詩一首（每一枚運簽的簽詩都不相同），再以「上」、「中」、「下」等級別，來定吉凶。某些祠廟的運簽，還附有「古人典故」、「聖意」、「解曰」等註解的文字，以便善信索解簽詩的涵意。在香港流行的運簽，除了「黃大仙靈簽」外，還有「呂祖靈簽」、「天后靈簽」、「觀音靈簽」等。至於在香港以外的亞洲地區流行的運簽，可參見日人酒井忠夫、今井宇三郎、吉元昭治合編的《中國の靈簽・藥簽集成》的〈靈簽・藥簽一覽表〉。

　　求取運簽的方法，一如求取藥簽一樣：先要到廟中焚香敬禮，向神明稟告求簽的目的，搖動盛有簽枝的簽筒，待簽枝跌出，再以擲盃方式，取得神明允諾後，便可按簽枝上的號碼，對取同號的簽詩。據說按簽詩內容，占驗古人，以及「聖意」、「解曰」等註解加以推敲，就可以得到神示的玄機了。

2. 黃大仙靈簽的來歷

　　屬於黃大仙祠廟的一套運簽，一般都稱為「黃大仙靈簽」。據梁根澤道長

提供的資料，「黃大仙靈簽」原文只具七言四句的簽詩，均由黃大仙降箕箕示，而降箕的年月，已不可詳考，但相信在廣州普濟壇視事初期，即1897至1899年間完成。現時最流行的《古本詳解黃大仙靈簽》（以下簡稱《通行本》），據說由一劉姓的普濟壇道侶，於戰後提供印行的，而簽冊上也清楚標明「普濟壇黃大仙靈簽」字樣。簽文內的「古人」和「上上」、「下下」等級別，是這套運簽完成後，道侶在刻本或手抄本上，根據簽詩內容附註的。相信在普慶壇成立前，即1901年或以前，已經出現。至於「仙機」和「附註」部分，則見於戰後印行的《通行本》，至於由誰人補入？何時完成？現已無法考證。相信是由於戰後黃大仙善信驟增，解簽服務的需求也相應大增，為方便詳解簽詩，由從事解簽行業的解簽先生，甚或信奉黃大仙的道侶附註的。

3.《古本詳註黃大仙靈簽》簡介

關於黃大仙靈簽最原始的版本，已不可尋得。而只有幾十年歷史的《通行本》，已經成為索解黃大仙靈簽的「聖經」：大部分的祠廟和道侶，都以此為據；加上輕易購得，一般善信也可私人擁有，所以也最通行。目前在坊間所見的《通行本》，出版資料闕如，相信已經歷無數次的翻印，內容也曾經改動。這《通行本》的簽文內容，可分「簽詩」本文、「上上」、「下下」之等級、「占驗古人」、「仙機」和「附註」五部分，現簡介如下。

簽詩本文

據說這100首簽詩，均由黃大仙親自箕示，每首均由七言四句組成。大部分簽詩都明示了某一古人的典故，使讀者可以望文生義，從而推究吉凶休咎。如第三十簽：

傾國傾城媚百生，六宮粉黛盡無名。

馬嵬山下魂飛去，至令明皇長恨情。

詩文明示楊貴妃死於馬嵬坡下故事，也表示了求得此籤的人，有凶無吉。至於小部分的籤詩，由於泛指某人某事，指向的目標不明，所以較難索解，如第四籤：

> 調雛紫燕在簷前，對語呢喃近午天。
>
> 或往或來低復起，有時剪破綠楊煙。

詩文只寫綠楊春午，燕子穿梭的景象，箇中玄機，須進一步尋繹。

「上上」、「下下」的等級

《通行本》100 籤的等級和數量，可具見下表：

等級		數量	
上	上上	3	13
	上吉	10	
中	中吉	32	69
	中平	36	
	中下	1	
下	下下	18	18

上述六個等級，是按籤詩內容分級。不過仔細的分級標準，就難以考究。特別是唯一的一枝「中下」籤，第七十一籤：

> 涸轍之中鮒困之，穿通自可卜當時。
>
> 若能引得西江水，他日成龍也未知。

與被定為「中平」的第四十七籤相比，似乎也難定高下。籤文如下：

> 遙遙千里來西蜀，欲問荊州那日還。
>
> 劉備不言聲淚下，自思無策轉吳間。

求籤用的「籤筒」

善信携備香燭果品，向黃大仙求取運簽。

占驗古人

　　《通行本》100 籤中，每一首均附註「占驗古人」，其實這只是泛稱而已，部分籤詩附註的，根本並非「古人」。在 100 首籤詩中，只有 57 首可以清楚確定詩文所指的古人古事，如上文所舉的第三十籤，占驗古人就定為「馬嵬坡勒死楊貴妃」。其餘未有清楚指向的籤詩，相信乃得由附註者按內容推敲，再定出相關的古人古事，如第十二籤：

　　　　蜃樓海市幻無邊，萬丈擎空接上天。

　　　　或被狂風忽吹散，有時仍聚結青煙。

　　占驗古人就定為「太白撈月」。這類附有相關的古人的籤詩共有 37 首。不過仍有 6 首籤詩，未有定出所屬的古人，如第二十七籤：

　　　　天晴粉蜨翻衣曬，又看庭前蟻陣排。

　　　　隊伍整齊趨或退，時開時合思何佳。

　　占驗古人只定為「蝶蟻知時」，可見編者解籤時所持的審慎態度。

仙機

　　《通行本》的「仙機」，其實是編者註釋籤詩的文字，可分為兩部分：其一由三言韻語寫成，共十二至十六句，隱括「名利」、「蠶畜」、「疾病」、「身孕」、「婚姻」、「家宅」、「行人」、「謀生」等事的吉凶；其二又分「風水」、「遺失」、「自身」、「天時」、「出行」五項（第一籤多「交易」一項），每項均以問答方式，標示趨吉避凶的方法。如上述第十二枝「下下」籤，「仙機」內容如下：

　　　　病者險，財亦空。蠶與畜，亦無功。

問謀望，事無終。婚不合，名未通。

行未至，孕有凶。問家宅，未興隆。

問風水假局不能發。

問遺失強求亦不得。

問自身積善免禍侵。

問天時事事不如意。

問出行結尾必不利。

附註

　　所謂「附註」，就是編者解釋籤詩內容、註明占驗古人典故來歷、甚或詳示趨吉避禍方法等的文字說明。如第九十六籤，占驗古人是「遊子思家」附註云：

　　　　凡遊子出外作客，以依期歸家為快。今作客他鄉，聞吹羌笛之聲……
　　惟望雁鴻憐我，代我帶封書信回家……此乃出路艱難景況。求得此籤者，
　　凡事切宜謹慎，秋季更宜注意。宜向天后娘娘作福吉。

　　求神問卜，當然想得到神明指示，預知吉凶休咎，知所趨避。而《通行本》的註釋者，教人避禍求福的方法，則以「修善積德」為主；「謹慎行事」為次。在 100 籤中，勸人「修善」、「積善」的，就有 60 枝，其中在「仙機」中勸人修善的籤數有 43 枝，在「附註」中勸人修善的籤數有 28 枝，既在「仙機」又在「附註」中出現勸人修善的籤數有 11 枝。

　　勸人「謹慎」行事的合共 33 枝，其中在「仙機」中勸人謹慎的籤數有 10 枝，在「附註」中勸人謹慎的籤數有 28 枝，既在「仙機」又在「附註」中出現勸人謹慎的籤數有 5 枝。

　　註釋者教人「修善」、「謹慎」的趨吉避禍方法，在 18 枝「下下」籤中，更為明顯。（見右圖）雖然這些都是註釋者的解說，但也充分反映了黃大仙「勸

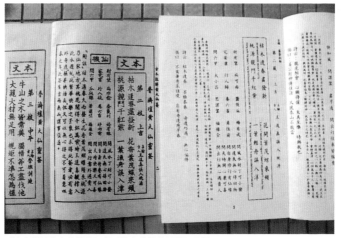

《古本詳註黃大仙靈簽》與《黃大仙靈簽新解》書影

黃大仙簽品哲理中心內林立的解簽檔

解簽檔外林林總總的吉祥物，乃信眾用作祈福之物。

善」的信仰核心。

當然除了積善以避禍外，有時又不免借助神明之力。註釋者在「附註」中，也教人向觀音、天后、海龍王等大神「作福」，以求庇佑。在 100 籤中，這種解救方法出現共十二次，除了上述第九十六籤外，其餘均在「下下」籤的「附註」內。

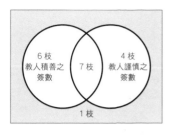

4. 其他黃大仙靈籤的註釋本

據筆者所知，有關「黃大仙靈籤」的註解本子，除了上述的《通行本》外，又有下列四種。

梁氏家藏的《普慶壇大仙靈籤》（以下簡稱《普慶本》）

這部籤冊據說是由梁仁菴道長，於 1915 年由西樵攜帶至香港。顧名思義，該籤冊當於普慶壇視事期間刊印。據梁福澤先生稱，該籤冊只刊有籤詩，而古人及上、中、下的等級部分，乃後來手寫。相信是現存最原始的「黃大仙靈籤」籤冊，可惜適逢梁福澤先生外借予人，筆者無緣得見，否則對「黃大仙靈籤」的原始面貌和演變軌迹，或可有更深入的了解。

嗇色園所藏《黃大仙靈籤》（以下簡稱《手抄本》）

此《手抄本》是於戊申仲冬，即 1967 年冬天完成。未知所據的本子為何？雖然抄本的形式與《通行本》相近，「仙機」和「附註」內容也大部分相同，但「占驗古人」方面，卻出現多處不同。部分可以確指籤詩所示古人的，《手抄本》有文字上的增刪潤飾，如第三十籤，《通行本》作「馬嵬坡勒死楊貴妃」，《手抄本》作「貴妃受劫」。部分只能從籤詩內容設想古人的，兩個本子多所不同，如第六籤，《通行本》作「王羲之歸故里」，《手抄本》作「蘇東坡遊

滕王閣」。而最大的差異，相信是未能定出古人古事的籤詩，數目與《通行本》的 6 枝相比，《手抄本》竟高達 17 枝。舉例如下：

籤碼	《手抄本》	《通行本》
第十二籤	蜃樓海市	太白撈月
第三十一籤	漁翁遇風失東西	蔡中興遇險
第五十二籤	天地人三方	盤古開闢天地

《手抄本》雖然參校了《通行本》，但所據的本子應是更早的古本，未知是否即《普慶本》？因為《手抄本》標示的「占驗古人」，似乎較《通行本》更忠於籤詩，更具原始味道，這情況在 17 枝未能定出古人古事的籤中，清楚可見。

《黃大仙靈籤新解》（以下簡稱《新解本》）

《新解本》作者金鑑，香港華英圖書公司印行，1992 年初版。據作者稱，該本子是以「數十年家傳秘本」，校正《通行本》寫成的，不過作者卻沒有說明所謂「家傳秘本」的出處和特點。

其實《新解本》的內容形式，仍以《通行本》為藍本，只是加以增補刪改。增補部分有：每籤配以英譯句；最後配上四言詩一首總括籤意，最末兩句七言偈語，再補詩句不足。刪改部分有：將籤詩分為「上上」、「中吉」、「下上」等九等；更改《通行本》「仙機」的文字（作者似乎未注意其中三言句押韻的特色，改動後已非韻句）；改寫「附註」的古人古事；雖然作者指出「迄今有 47 枝籤的古人曾被人刪改」，但作者卻不依秘本，仍沿用已被人刪改，卻「對籤意無損」的古人；以「每一籤語配一故事」為原則，使《通行本》100 籤名副其實的配上 100 古人，舉例如下：

籤碼	《通行本》	《新解本》
第四籤	調雛紫燕正穿梭	董永遇仙
第七十三籤	狀元衣錦榮歸	倫文敘高中
第九十六籤	遊子思家	文姬思漢

嗇色園廟外消災轉運的吉祥物

《新解本》在坊間也容易購得，在部分崇祀黃大仙的祠廟，更免費贈閱。

《解籤不求人》（以下簡稱《新詮本》）

《解籤不求人》，作者裴一居，香港明窗出版社，1993年初版。《新詮本》詮釋籤詩的方式，均與上述本子不同，除了保留「籤詩」、「古人」、「上上」、「中平」等等級（大部分據《通行本》）外，再分「古人背景」、「機契重點」，以及「自身」、「事業」、「財運」、「姻緣」、「家宅」、「疾厄」、「移民」和「學業」八部分，說明趨吉避凶的方法。

作者雖然在〈自序〉中，說明「解籤就是借靈籤所託的古人典故，配合當事人占問事項的背景，推敲窮通得失」，不過作者於詮解籤詩時，卻以現代的價值觀和道德觀，提出「新解」，似乎忽略了古人典故的含意，而且與籤意不合。如第九十二籤，古人「孔子聞韶樂」，籤詩：

> 至聖周遊列國行，在齊聞聽奏韶樂。
>
> 三月不知嘉肉味，善哉大道可功成。

作者的「機契重點」及部分解釋如下：

（一）孔子抱殘守缺的思想，到處沒有市場，在齊國聽到一點與儒家有關係的事物，便為之陶醉，忘卻失意的痛苦。

（二）齊國在當時的社會是一個多元文化的國度，儒家的古樂只不過是其中一部分。孔子的興奮，是對大局的糊塗無知，盲目的高興附和。

（三）在極度失落的時刻，只要遇到些微的機會，就以為得到了希望，孔子實在高興得太早。

自身：

必須改變封閉的思想，否則只會活在回憶與緬懷中，與社會的步
伐脫節，將難以立足。

事業：

推廣的計劃碰壁，必須另謀出路，市場的趨向已轉型，過時的手
法不受歡迎。經商者要改善經營方式，不要盲目衝動，幻想會動搖根
基。受薪者應改善本身實力，在低潮時期應自我檢討，不可心存妄想。

本來屬「中吉」的籤詩，典故所示的原是美事，但作者卻「新解」為「封
閉守舊」、「步伐脫節」。類似的「新解」，還有很多，至於是否廣為需要解
籤服務的善信接受，就見仁見智了。

5. 結語

所謂「求籤要誠，解籤要靈」。要解籤必須參詳籤詩，通曉古人典故含意，
還要配合求卜者所卜問事項，推敲箇中機契。所以「解籤要靈」，也就非要請
教解籤先生不可。

隨着黃大仙信仰的蓬勃發展，解籤服務的需求也激增起來。據說戰前在嗇
色園園外，只有四至五個籤檔，戰後迅速增至幾十個；時至今日，由東華三院
管轄的「黃大仙籤品哲理中心」內，提供解籤、看相觀掌、風水命理等服務的
籤檔，不下百餘個。嗇色園已成為占卜相士薈萃之地，在香港祠廟中，獨具特
色。此外，一些號稱能消災辟邪、轉運納吉的吉祥物，也隨着黃大仙善信的需
求，應運而生。目前在嗇色園廟外擺賣風車、神像、八卦、關刀……等吉祥物
及祭品香燭的檔攤也特別多。逢年遇節，只要到熱鬧非常的廟門內外走走，就
不難體驗黃大仙「普濟」精神的無處不在了。

嗇色園廟外各式各樣的吉祥物

參考書目

◎ （晉）葛洪：《神仙傳》，見（明）何鏜輯、（清）王謨增刊：《（增訂）漢魏叢書》（乾隆辛亥年重刊本）。

◎ （元）趙道一編修：《歷代真仙體道通鑑》，見《正統道藏》冊 140（上海：商務印書館據涵芬樓本影印）。

◎ （宋）張君房編修：《雲笈七籤》，見《正統道藏》冊 699（上海：商務印書館據涵芬樓本影印）。

◎ （宋）倪守約編：《金華赤松山志》，見《正統道藏》冊 331（上海：商務印書館據涵芬樓本影印）。

◎ （宋）方鳳：《金華遊錄》，見《叢書集成初編》（上海：商務印書館）。

◎ （明）王懋德等修纂：《金華府志》（台北：學生書局據吳相湘主編《中國史學叢書》影印）。

◎ （清）鄧鍾玉等纂修：《金華縣志》（台北：成文出版社據 1934 年金震東石印局鉛字重印本影印）。

◎ （清）秦簧修、唐壬森纂：《光緒蘭谿縣志》（台北：成文出版社據光緒 14 年刊本影印）。

◎ （清）林星章、黃培芳、曾釗總纂：《新會縣志》（道光二十一年序）。

◎ 錢文選：《金華北山遊記》，見《士青全集》5 集（上海：商務印書館，1939 年）。

◎ 1924 年廣州第八甫汝文堂印刻：《驚迷夢》（上、下冊）（香港：嗇色園普宜壇重印，1991 年）。

◎ 1903 年西樵稔崗黃大仙祠印刻：《醒世要言》（一至三冊）（香港：嗇色園普宜壇重印，1991 年）。

◎ 《三教明宗》（香港：永安盛印刷廠印，1963 年）。

◎ 《赤松黃大仙醒世經》（香港：興亞印刷公司，1994 年）。

◎ 《黃大仙良方》（澳門：大眾印務書局印行）。

◎ 《古本註解黃大仙靈簽》（出版資料缺）。

◎ 梁鈞轉鈔錄：《列聖訓示乩語部（簿）》（梁氏家藏）。

◎ 梁鈞轉：《嗇色園史迹概述（初稿）》（梁氏家藏）。

◎ 《嗇色園六十週年鑽禧紀念暨鳳鳴樓九龍壁落成揭幕典禮》（香港：嗇色園編印，
1981 年）。

◎ 《嗇色園（七十週年紀慶特刊）》（香港：嗇色園編印，1991 年）。

◎ 黃兆漢：《道教研究論文集》（香港：中文大學出版社，1988 年）。

◎ 黃兆漢、鄭煒明：《香港與澳門之道教》（香港：加略山房有限公司，1993 年）。

◎ 許地山：《扶箕迷信底研究》（上海：商務印書館，1941 年再版）。

◎ 峰屋邦夫：《中國の道教》（東京：東京大學東洋文化研究所，1995 年）。

◎ 峰屋邦夫：《その活動と道觀の現狀》（東京：東京大學東洋文化研究所，1995 年）。

◎ 酒井忠夫、今井宇三郎、吉元昭治：《中國の靈籤‧藥籤集成》（東京：株式會社風
響社，1992 年）。

◎ 吉元昭治、陳昱審訂：《台灣寺廟藥籤研究》（台北：武陵出版社，1990 年）。

◎ Francis Sham tr., S.T. Cheung ed.: *Prediction of Wong Tai Sin*, Board of Directors,
1983-1984, The Tung Wah Group of Hospitals, Hong Kong, 1984.

◎ Graeme Lang and Lars Ragvald: *The Rise of a Refugee God - Hong Kong's Wong Tai
Sin*, Oxford University Press, Hong Kong, 1993.

◎ Jonathan Chamberlain: *Chinese Gods*, Long Island Publishers, Hong Kong, 1983.

後記

　　我生長於信奉神佛之家，唸中學時寄宿佛寺，受三皈五戒；大學畢業後，又在道教聯合會會屬學校教書；如今則隨黃兆漢教授研究有關道教的課題。我似乎跟佛道二教結下不解之緣。這次，我寫的第一本書《香港黃大仙》，也與宗教信仰有關。有人說這是冥冥中的安排，但我卻認為是黃師兆漢教授的有意提攜。

　　黃兆漢教授是國際知名的道教研究權威，早於十多年前就發表過研究黃大仙的論文。去年香港三聯書店邀請他撰寫香港黃大仙信仰的專書，自然理想不過。但老師因事忙辭謝，卻極力推薦由我執筆。在老師的鼓勵和支持下，我接受了這個挑戰。在撰作期間，老師又不時予我專業的指導。老師扶掖學生的苦心，使我無言感激。本書上編許多材料和觀點，都直接借用了黃老師的研究成果。所以可以說，這本書是老師一手催生的。如果這本小書幸運地有一點成績的話，那都應該歸功於老師。書成之後，老師更於百忙中抽空為我寫序，使蓬蓽生輝。在此，我謹對老師的指導和鼓勵，敬致謝忱。

　　是書執筆以來，承蒙嗇色園主席黃允畋道長和副主席盧偉強律師、華松仙館李行道長和元清閣道堂黃懷杰道長借出資料，提供方便，更接受訪問，解答疑問。又蒙嗇色園草創者梁仁菴道長之裔孫梁根澤道長、梁福澤先生的大力襄助，為香港早期的黃大仙信仰發展，提供了寶貴的意見，更借出罕有的材料。特別是梁福澤先生，沒有他熱情的奔走聯絡，這本小書肯定要遇上更多困難。還有香港三聯書店策劃編輯鄭德華博士肯予機會，以及亦生亦友的林健雄先生協助攝影。本人在此一再致謝。

　　這本小書是我撰寫論文期間草就的，魯魚亥豕，在所難免。在我研究工作剛起步的當兒，水平有限；加上篇幅的限制，許多問題仍未鑽透。所以是書肯定

有許多錯漏或不足之處。我衷心祈望各方家學者，對這塊引玉之磚多加指正，不吝批評，這才是我最大的收穫。

吳麗珍

於九龍藍田山居

1996 年初夏